LES

DE MORANT

BARONS ET MARQUIS DU MESNIL-GARNIER

RECHERCHES HISTORIQUES ET GÉNÉALOGIQUES

SUR UNE FAMILLE NORMANDE

AUX XVIIe ET XVIIIe SIÈCLES

PAR

ALBERT BRUAS

Ancien magistrat

ANGERS

IMPRIMERIE LACHÈSE ET DOLBEAU

4, Chaussée Saint-Pierre, 4

1892

LES

DE MORANT

BARONS ET MARQUIS DU MESNIL-GARNIER

LES

DE MORANT

BARONS ET MARQUIS DU MESNIL-GARNIER

~~~

RECHERCHES HISTORIQUES ET GÉNÉALOGIQUES

SUR UNE FAMILLE NORMANDE

AUX XVIIᵉ ET XVIIIᵉ SIÈCLES

PAR

ALBERT BRUAS

Ancien magistrat

ANGERS

IMPRIMERIE LACHÈSE ET DOLBEAU

4, Chaussée Saint-Pierre, 4

—

1892

LES

DE MORANT

BARONS ET MARQUIS DU MESNIL-GARNIER

RECHERCHES HISTORIQUES ET GÉNÉALOGIQUES

SUR UNE FAMILLE NORMANDE

Aux XVII et XVIII° siècles

A notre époque, où les recherches historiques et biographiques ont pris un si grand développement, on se plaît à recueillir les éléments de l'histoire de chaque province. Pour cela, il est intéressant de reconstituer l'histoire particulière de ces vieilles familles, qui, grâce à l'illustration de leur nom et de leurs alliances, grâce aux services rendus ou aux belles actions accomplies par leurs représentants les plus distingués, ont mérité de voir leurs descendants honorer et respecter leur mémoire.

En nous inspirant de cette idée, nous avons consacré cette étude, malheureusement incomplète, à retracer l'histoire d'une ancienne famille noble de la province de Normandie, qui brilla pendant les xvii° et xviii°

siècles d'un vif éclat, tant à cause des charges occupées par ses membres, qu'à cause des services rendus par elle à la couronne.

C'est celle des *de Morant*.

De patientes et minutieuses recherches, facilitées par le concours obligeant d'amis ou alliés et de plusieurs savants bibliothécaires que nous sommes heureux de remercier tous ici, nous ont permis, avec les documents et papiers de famille que nous-même possédions, de réunir les éléments de cette monographie historique.

La famille de Morant a pour armes : *d'azur à trois cormo-rans d'argent posés deux et un* ; support : deux lions d'or armés et lampassés de gueules ; écu timbré d'un casque d'or posé de front, orné de ses lambrequins d'argent, d'azur et de gueules, avec couronne de marquis, sommé anciennement d'un bonnet de baron enrichi de perles ; pour cimier, un lion naissant armé et lampassé de gueules.

Cri : *a candore decus.*

D'après l'Armorial de Chevillart, 1666, les armes seraient un peu différentes : *d'azur à trois cygnes* (ou cormorans) *d'argent becqués et membrés de gueules* [1].

---

[1] On lit dans l'*Armorial général de la Touraine*, par Carré de Busserolles (1867) :

« *Morant*, des marquis du Mesnil-Garnier, seigneur de la Mu-
« lottière en Touraine, au xviiie siècle : *D'azur à trois cormorans*
« *d'or*, d'après Palliot ; *d'azur à trois cormorans d'argent*, d'après
« La Chesnaye-Desbois ; d'après l'Armorial général de d'Hozier,
« Thomas Morant portait *d'azur à trois cygnes d'argent*, accolé d'or
« à une fasce de gueules, chargé d'un léopard d'argent et accom-
« pagné de trois quintefeuilles de gueules, deux en chef et une en
« pointe. »

Palliot, dans « La vraye et parfaite science des armoiries »
(1664), ajoute : « Le *cormoran*, c'est un corbeau d'eau qui pesche
« et prend du poisson ; il a la teste chauve. Il y en a qui le
« prennent pour un cygne. »

Voici en quels termes flatteurs parle de cette famille le *Dictionnaire de la Noblesse*, par La Chesnaye-Desbois, 1775.

« MORANT : la seule maison de son nom en Normandie « et l'une des plus anciennes noblesses de cette province « où elle a possédé et possède encore, depuis un temps « immémorial, des terres considérables comme celles « d'Escours, la Perle, la Motte ; les baronnies de Cour- « seulles, Soliers, Coulonces, Rupierre et Biéville ; la « baronnie du Mesnil-Garnier, acquise par Thomas « Morant, I⟨er⟩ du nom, seigneur d'Esterville.... le comté « de Penzès, transmis à ceux de ce nom par arrêts du « Conseil, la baronnie de Fontenay, la châtellenie de « Bréquigny, les seigneuries de Kernisac, Kerangon- « man en Bretagne, celle en partie de la ville de Rennes « et de Morlaix.

« Outre tous ces avantages, elle a ceux de s'être « souvent distinguée par ses services, sa fidélité, son « attachement envers les Souverains, et par ses alliances « contractées avec des Maisons illustres qui lui en « donnent avec la Maison royale et les Princes du « sang de France.

« Selon ses titres, déposés dans les archives du cou- « vent des frères-prêcheurs du Mesnil-Garnier, dont « Messieurs de Morant sont fondateurs, elle remonte par « filiation suivie à Etienne de Morant, chevalier, qui « épousa, l'an 1245 Marie de la Houlette. »

Le *Dictionnaire de la Noblesse* établit ensuite la filiation de la manière suivante :

I. *Etienne de Morant*, époux de Marie de la Houlette (1245).

II. *Jean de Morant* [1], seigneur d'Escours, né en 1249,

___

[1] On trouve dans le *Traité de la Noblesse*, de La Roque (1735) : « Rolle de la Chambre des Comptes, cote n° 8. — « Les cheva-

époux, le 15 septembre 1294, de Catherine de Dampierre.

III. *Etienne Jehan de Morant*, chevalier, seigneur d'Escours, né en 1303, époux, en 1340, de Marie Pottier.

IV. *Jean de Morant*, chevalier, seigneur d'Escours, né en 1346, époux, en 1392, de Catherine Renard ;

Dont : 1° *Alexandre*, 2° *Jean*, seigneur d'Escours, qui eut une fille mariée à Jean, seigneur de Dampierre, et 3° *Guillaume* [1].

V. *Alexandre de Morant*, chevalier, seigneur de la Perle, né en 1395, époux, en 1434, de Madeleine de Rotour.

VI. *Josias de Morant*, chevalier, seigneur de la Perle, né en 1435, époux, en 1467, de Jacquette de Tilly, d'une maison très ancienne de Normandie.

VII. *Charles de Morant*, chevalier, seigneur de la Perle, marié en 1503 à Marie de Dampierre, sa cousine, qui lui rapporte sa terre d'Escours.

VIII. *François de Morant*, chevalier, seigneur d'Escours, qui épousa, en 1541, Jeanne de Sucy (armes : *écartelé d'or et de sable*), d'où *Thomas*, né en 1543.

Faute de renseignements antérieurs précis, ce n'est

« liers et escuyers qui doivent le service au Roi, 1271 ; chevaliers « de Normandie, Baillie de Caen : *Jehan Morant*, qui dit devoir ser- « vice de un quart de chevalier. »
Même citation dans un rôle de 1272 pour la vicomté de Caen.
[1] « Nouveaux rolles tirés du cabinet de M. Clairambault. « Monstre des nobles et tenant noblement ès bailliage de Caux et « Gysors, reçue par Anthoine d'Aubusson, 1470. — Vicomté de « Neufchâtel : Guillaume Morant armé de brigandine et sallade ; « avec lui un page portant un vouge. » (*Traité de la Noblesse*, de La Roque.)
Cette mention nous paraît plutôt s'appliquer à Guillaume Morant, de la famille des Morant de Bosricard, originaire du bailliage de Caux, que nous indiquons plus loin.

qu'à cette date que nous commencerons à retracer l'histoire de la famille de Morant dont l'origine remonte, nous venons de le voir, au XIII° siècle.

La Chesnaye-Desbois cite une autre famille *Morant de Bosricard*, originaire du baillage de Caux et remontant comme filiation à Autry, écuyer de Philippe de Valois, en 1339. L'Armorial de Chevillart (*Nobiliaire de Normandie*, par de Magny) mentionne : de Morant, écuyer, sieur de Bosricard, Hocquemesnil, d'Orival, Beauricard, généralité de Rouen, élection d'Arques, maintenu le 13 août 1668. Armes : *de gueules à la bande d'argent chargée de cinq hermines de sable.* (Voir Archives nationales M M. 700 A, *Recherches de la noblesse de la généralité de Rouen 1667-87,* par messire Barin, chevalier, seigneur de la Galissonnière).

De Magny signale aussi une autre famille *de Morant de l'Espinay*, remontant à Nicolas de Morant, écuyer, seigneur de l'Espinay, vivant en 1440. Armes : *d'azur à trois fasces d'or chargées chacune de trois croisettes de gueules*; supports : deux sauvages appuyés sur leurs massues ; devise : *impavide.*

Cette maison, originaire de Normandie, vint, dit-il, s'établir en Anjou au XVI° siècle (ce doit être au XV° siècle), où elle posséda les fiefs et seigneurie de l'Espinay, paroisse de Fougeray (Bibliothèque d'Angers, M. 1003).

Port, dans son *Dictionnaire de Maine-et-Loire*, mentionne l'Epinay (commune de Fougeré) comme un ancien fief appartenant du XVI° au XVIII° siècle à la famille de Morant : Nicolas Morant et son fils, tous deux docteurs régents de la Faculté d'Angers, la possédaient de 1560 à 1630. Port cite également Jean-Pierre de Morant, chevalier, ancien capitaine dans le régiment de la Roche-Tulon, époux de Marie-Renée Gaultier de

Brulon, mort âgé de 78 ans, à Angers, en 1763. Ses biens furent vendus nationalement le 24 messidor an II.

Cette famille de Morant, établie ainsi en Anjou, se rattache à la famille de Morant de Normandie dont nous allons retracer l'histoire. Il résulte des renseignements qu'a bien voulu nous fournir Mme de Lemmery, fille du dernier représentant de cette famille, qu'au commencement du xve siècle, un cadet des Morant de Normandie (peut-être Guillaume, fils de Jean, seigneur d'Escours), vint se fixer en Anjou et eut pour fils Nicolas, né en 1440, écuyer, seigneur de l'Espinay. Cette branche prit le nom de l'Espinay, du nom du fief possédé par elle depuis le xve siècle jusqu'à la Révolution. Depuis lors elle l'a abandonné, ne possédant plus ce fief.

Elle conserva pendant longtemps l'écu aux trois cormorans qui se retrouve encore dans l'église de Montigné (non loin de Fougeré), où était l'ancienne chapelle seigneuriale. Plus tard, elle modifia ces armoiries et prit pour armes celles indiquées plus haut.

I

LES BARONS DU MESNIL-GARNIER

§ 1ᵉʳ

Thomas Morant, Iᵉʳ du nom

Thomas Morant, Iᵉʳ du nom, fils de François, sei-
gneur d'Escours et de Jeanne de Sucy, qui fut baron du
Mesnil-Garnier, d'Esterville, Rupierre et Biéville-en-
Auge, était né le 1ᵉʳ mai 1543.

Receveur des tailles à Caen, trésorier de France à
Caen, notaire et secrétaire du Roi [1], il fut ensuite receveur général des finances à Caen [2].

Il avait également obtenu, sous Henri III, c'est-à-dire

[1] Arrêt du Conseil du 30 novembre 1594 (ms. fr. 18159,
fº 478, vº, Bibliothèque nationale), maintenant Thomas Morant
en un office de notaire et secrétaire du Roi, Maison et Couronne
de France.

[2] Arrêts du Conseil des 18 septembre 1595, 15 mars 1597, 16 décembre 1599, les deux premiers à la Bibliothèque nationale
(Clair. 652 et ms. fr. 18159, fº 151) et le troisième aux Archives
nationales (section administrative E 2ᵃ, f. 303).

avant 1589, la charge de trésorier de l'Epargne, charge
qu'il occupa jusqu'en 1617.

« Celui qui faisait les fonctions de premier trésorier
« était *Cordon bleu*, ne faisait son travail qu'avec le Roi,
« et les trois autres trésoriers servaient par quartier »,
dit La Chesnaye.

Nous avons trouvé dans un vieil ouvrage, l'*Etat de la
France, Paris, 1687* (II, p. 591), de curieux renseignements sur les trésoriers de l'Epargne.

« Le Thrésor Roial, cy-devant appelé l'*Epargne*, est
« en France ce qu'était autrefois à Rome *ærarium
« populi*. Il est comme la mer, dans laquelle, de même
« que des ruisseaux et des rivières, se viennent rendre
« toutes les recettes, tant générales que particulières,
« des tailles, taillon, subsistance et enfin de tout le
« revenu du Roy : et dans lequel aussi tous les thréso-
« riers établis pour la distribution des deniers du Roy,
« viennent prendre les sommes dont ils ont besoin pour
« l'administration de leurs charges.

« Le *Thrésorier de l'Epargne* fut mis à la place de
« l'ancien receveur général par le Roi François Ier. Le
« Roy Henri II fit cet office alternatif, de telle sorte que
« de son temps il y en eut deux. Le Roi Louis XIII
« le fit triennal, comme tous les autres offices comp-
« tables.

« Le Roy les appelait conseillers et thrésoriers de
« son épargne. Ceux qui possédaient ces charges
« avaient 12,000 livres de gages et trois deniers pour
« livre de tout l'argent qu'ils maniaient et à toutes les
« fois qu'ils le maniaient, ce qui montait à une grosse
« somme. »

Après avoir exercé ces fonctions sous Henri III,
Henri IV et Louis XIII, Thomas céda sa charge à son
fils et fut nommé conseiller d'Etat en 1618.

Nous possédons des jetons en argent frappés au nom

de Thomas Morant. D'un côté est l'écusson aux trois cormorans, avec casque et lambrequins, entouré de la devise : A CANDORE DECVS et la date 1616 ; au revers, un olivier dans les branches duquel grimpe une vigne ; au-dessus, un soleil rayonnant, et autour on lit : TH. MORANT, TRÉSᵉʳ DE L'ESPARGNE.

Thomas Morant avait épousé, en 1578, Massiotte Morel de Putanges. Le contrat de mariage, en date du 17 juillet 1578 (Archives nationales M. 477, extrait de l'un des registres du tabellionage royal de Caen), établit ainsi les qualités des parties :

« 1° Noble homme Thomas Morant, seigneur de « Rupierre, fils et héritier de défunt noble homme « François Morant, seigneur d'Escours, et de défunte « Jeanne de Sucy, sa mère, suivant que l'a désiré défunt « noble homme Charles Morant, seigneur de la Perle, « ayeul dudit sieur Thomas.

« 2° Demoiselle Massiotte Morel, fille de feu noble « homme Pierre Morel, en son vivant bourgeois de « Caen et de Perrine de Beauvoir. »

La dot de la future était modeste :

« 333 écus et 1/3 de sol, dont 66 écus 2/3 pour la dot « mobile et *troussellement et vêture* de ladite demoiselle » et le reste « employé en 26 écus 2/3 de rente », plus « un lit foury de traversin, oreiller, avec un ciel de « tapisserie, avec les pendans ou rideaux de même, « et autres choses à la discrétion de ladite dame de « Beauvoir. »

Parmi les témoins figurent noble homme Guillaume Pannier, conseiller au présidial de Caen, et Jean Morant.

L'acte porte la mention : « Collationné par Gouye et « Boullin, notaires, garde-nottes royaux à Caen. »

De ce mariage sont nés cinq enfants :

1. *Thomas,* IIᵉ du nom (voir plus loin).

II. *Gaspard,* auteur de la branche de Rupierre et de Biéville-en-Auge.

Rupierre était un magnifique château, sis en la commune de Biéville-en-Auge, qui a été démoli un peu avant la Révolution et dont il ne reste que quelques dépendances. Cette terre appartient à la famille du Plessis d'Argentré.

Gaspard Morant, chevalier, seigneur et baron de Rupierre, conseiller du Roi, trésorier des Ponts [1], marié le 12 mars 1624 à Marie Le Comte de Montaglan, mourut en 1656, laissant un fils, Charles-Thomas, maréchal de bataille des armées du Roi, confirmé en noblesse par Chamillard, en 1666, époux, le 22 décembre 1654, de Valentine de Chasot. De ce mariage naquirent deux fils, Bernard, chevalier, seigneur de Rupierre, et Charles-Thomas, chevalier de Rupierre, capitaine de dragons au régiment de Silly, décédés sans postérité (inventaire de 1701, baillage de Caen) et deux filles dont une, Antoinette, épousa François de la Bonde d'Hiberville, vicomte de Thorigny, d'où Charles-François de la Bonde d'Hiberville, chevalier, seigneur et baron de Rupierre, président de la Chambre des comptes de Normandie [2], mort en 1750. Sa fille, Anne-Françoise, née le 13 octobre 1726, héritière de la branche de Rupierre, dame et patronne de Biéville,

---

[1] A la Bibliothèque nationale, il existe des jetons portant, d'un côté, l'écusson aux trois cormorans, ayant pour brisure une bordure dentelée, surmonté d'un casque avec lambrequins; autour on lit : Gaspard Morant, seigneur de Rupierre, conseiller du Roy et trésorier général des Ponts-et-Chaussées de France. Au revers, un pont sur lequel passe une chaussée, et en exergue : 1621, *facile et compendio.*

[2] Epoux de Marie-Catherine Le Cordier de Bigards, dame et patronne de Trop, fille d'un procureur général au Parlement de Paris.

épousa, le 25 mai 1752, Thomas-Charles, marquis de Morant (voir ci-dessous) et fit rentrer la terre de Rupierre dans le patrimoine de la branche aînée.

Les archives du Calvados contiennent un certain nombre de pièces relatives à une très longue procédure commencée en 1649 et terminée seulement par un arrêt du Grand Conseil, du 22 septembre 1696, entre les héritiers de Thomas Morant et ceux de son frère Gaspard, pour des partages de biens et liquidation de successions.

III. *Anne,* qui épousa Jacques de Cauvigny, chevalier, seigneur dudit lieu et de Biéville (ou Vierville, *Mercure,* 1572), bailli de Caen.

IV. *Jeanne,* dame du Bois d'Aubigny, mariée, par contrat du 2 novembre 1604, à Charles de Becdelièvre, chevalier, seigneur d'Hocqueville et de Brumare, gentilhomme ordinaire de la Chambre des rois Henri IV et Louis XIII, conseiller d'Etat, maître de camp, qui se distingua dans les guerres de Hongrie sous le duc de Mercœur et mourut le 15 novembre 1622.

La famille Becdelièvre a compté dans ses membres plusieurs présidents au Parlement de Bretagne. Armes : *de sable, à deux croix de procession, au pied fiché, d'argent, accompagnées d'une croisille de même, en pointe* (Denais, *Armorial de l'Anjou*) [1].

Jeanne de Morant fonda à Rouen une chapelle et un couvent dans la rue qui porte encore le nom de Morant.

---

[1] Cf. *Les Chevaliers bretons de Saint-Michel,* de 1469 à 1665, notices recueillies par le comte d'Hozier, publiées par M. de Carné, Nantes, 1884.

Cf. également d'Hozier, *Armorial,* v° Estièvre, où il est parlé de Madeleine de Becdelièvre, fille du marquis de Quevilly, conseiller du Roi en ses Conseils et premier président en sa Cour des Aides en Normandie.

. Son fils, Pierre de Becdelièvre, fut premier président de la Cour des aydes.

A l'église de Saint-Godard, à Rouen, se trouvent les statues en marbre qui ornaient les mausolées de Charles et de Pierre de Becdelièvre. Ces mausolées, dont la reproduction est au musée de Versailles, avaient été élevés à l'église Saint-Pierre du Grand Quevilly de Rouen et à l'église des Carmes déchaussés, bâtie par Pierre de Becdelièvre.

v. *Madeleine*, mariée (contrat du 28 janvier 1609) à Pierre de Boutin, chevalier, seigneur de Victot, grand bailli de Caen, chevalier de l'ordre du Roi et gentil-homme de la chambre de sa Majesté.

LE MESNIL-GARNIER

Thomas Morant, qui mourut en 1621 à Paris, en son hôtel de la rue de Jouy, avait acquis, en 1600, la seigneurie du Mesnil-Garnier, sise en Normandie, non loin du château royal de Gavray (un peu au nord de la route qui va actuellement de Vire à Granville, arrondissement de Coutances).

Donnons quelques détails sur cette terre, dont les chevaliers de Morant devaient tirer leurs titres de baron, puis de marquis.

Du XIIᵉ au XIVᵉ siècle, le Mesnil-Garnier fut la propriété de la famille de Thieuville ou de Thiéville. Les seigneurs du Mesnil-Garnier faisaient, en raison de leur fief du Mancel, le service au château de Gavray (château fort très important, situé sur une colline élevée et abrupte); ils devaient, en cas de guerre, garder la « mestre porte », les autres portes étant confiées à la garde des seigneurs de Hambrye, de Ver, de Beauchamp, de la Roche-Tesson, etc.

En 1327, Guillaume de Thiéville, évêque de Coutances, était seigneur du Mesnil-Garnier ; l'*Annuaire de la Manche* (1854) a reproduit un très curieux aveu féodal passé par lui à cette époque.

Au commencement du XVᵉ siècle, le domaine et la seigneurie du Mesnil-Garnier passèrent dans d'autres mains, par suite du mariage de Catherine de Thieuville, dame du Mesnil-Garnier, avec Olivier de Mauny, baron de Thorigny. Leur fille, Marguerite, épousa Jean Goyon

de Matignon, qui devint ainsi seigneur du Mesnil-
Garnier.

En 1470, en était seigneur Allain de Matignon, sire
de Villers, Anisy et Thiéville, lequel fut chambellan du
Roi, grand-bailli de Caen et conservateur général de
l'Université de cette ville.

La famille de Matignon conserva longtemps cette
seigneurie qui, au xvi⁰ siècle, passa aux mains de la
famille de Montmorency.

Le 27 septembre 1600, ainsi qu'il appert d'un extrait
des registres du tabellionnage royal de Caen, « Louis de
« Montmorency, chevalier de l'ordre du Roi, bailli et
« gouverneur pour Sa Majesté de la ville de Seules,
« seigneur de Bouteville, héritier de feue haute et puis-
« sante dame Jeanne de Mondragon, dame du Mesnil-
« Garnier, sa mère », vendit en exécution de deux
arrêts du Parlement de Paris, « donnés en la Chambre
« de l'Edit, les 19 mai et 29 août précédents, et passés
« entre ledit sieur de Bouteville et haute et puissante
« dame Claude d'Orsonvilliers, veuve de feu Messire
« François de Montmorency, vivant sieur de Hallot », à
Thomas Morant, seigneur d'Esterville et de Champrepus, la terre du Mesnil-Garnier, « comme elle s'estend
« et se comporte en les paroisses du Mesnil-Garnier,
« Mesnil-Hue, la Trinité, Bourquerolles et ailleurs, en
« domaine fieffé et non fieffé, droits, rentes, privilèges,
« prééminences, présentations de bénéfices, fiefs, bois
« de haute futaie et taillis... », moyennant un prix de
quinze mille écus d'or en principal et de cinq cents écus
de vin (sic).

D'autres acquisitions importantes furent faites ulté-
rieurement, notamment de 1640 à 1670, soit de la famille
de Thiéville, soit d'autres, et augmentèrent l'étendue
de cette seigneurie.

Dès 1606, des lettres-patentes du roi Henri IV éri-

gèrent le Mesnil-Garnier en baronnie, avec incorpora-
tion des terres de Champrepus, du Mancel et de la
Bellonnière.

Nous verrons plus loin qu'en 1658 cette baronnie fut
érigée en marquisat.

Cette terre s'étendait alors sur les paroisses du Mesnil-
Garnier, Mesnil-Hue, Champrepus, la Trinité, le Mesnil-
Amand, Soules, etc. Elle comprenait une dizaine de
fiefs ; en dépendait également la sergenterie d'épée de
la Châlons, qui s'exerçait sur onze autres paroisses.

Le seigneur avait droit de présentation à plusieurs
bénéfices, notamment à la cure du Mesnil-Garnier, dont
le produit était de 13,000 à 14,000 livres.

La famille de Morant resta propriétaire de cette seigneurie pendant plus d'un siècle. En 1700, elle appartenait encore à Thomas-Alexandre Morant, premier
président du Parlement de Toulouse, arrière petit-fils
de l'acquéreur de 1600, qui fit faire au château d'importantes réparations.

Mais, en 1714, le Mesnil-Garnier était aux mains du
receveur général des finances de Caen, Rollée, qui ne
le conserva du reste que peu d'années.

Car, en 1724, furent vendues par décret sur ledit
Me Rollée, en la Cour des comptes, aydes et finances de
Normandie, « les terres et seigneuries du marquisat du
« Mesnil-Garnier et baronnie de Ducé. » Elles furent
adjugées, le 24 janvier, à un sieur André, créancier
dudit Rollée de la modeste somme de deux millions
quatre cent mille livres. Mais celui-ci, par suite d'une
baisse considérable des espèces, ne se trouva pas en état
de consigner le prix de son adjudication et y subrogea,
par acte de rétrocession du 22 septembre 1725, « Joseph
« Bonnier, écuyer, seigneur baron de la Mosson, ma-
« reschal général des camps et armées du Roy, conseiller
« secrétaire de Sa Majesté, Maison et Couronne de

« France et de ses finances, trésorier général des Etats
« de la province du Languedoc. »

Celui-ci consigna aux mains du receveur des consi-
gnations « la somme de *six cent soixante et cinq mille*
« *livres*, prix entier de ladite adjudication, au profit com-
« mun, des terres du Mesnil-Garnier, Soulles, Ducé,
« Chérenée, Le Héron, Pommereu et autres en dépen-
« dant »... et, en raison d'une opposition faite par les
créanciers du sieur Rollée, demanda à la Cour des
comptes, aydes et finances de Normandie de l'envoyer
« en possession, propriété et jouissance des terres adju-
« gées, » ce qu'il obtint par un arrêt rendu le 28 septembre 1725.

Le montant de l'adjudication peut donner une idée de
l'importance des terres du Mesnil-Garnier et dépendances.

Le marquisat du Mesnil-Garnier était, en 1739, la
propriété de messire Michel Dalbert-Dailly, duc de Pre-
quigny, pair de France, par suite de son mariage avec
la sœur du baron de la Mosson.

En 1756, il était aux mains du duc et de la duchesse
de Chaulnes.

De 1768 à 1789, il appartint à « Messire Sébastien de
« Poilvillain, comte de Cresnay, seigneur marquis du
« Mesnil-Garnier, Ducé, la Trinité, Saint-Thual et
« autres seigneuries, mestre de camp de cavalerie, gui-
« don des gens d'armes de la garde ordinaire du Roy. »

Devenu propriété nationale en 1789, le Mesnil-
Garnier fut acheté par la famille Cambioso, de Gênes.

En 1828, le général vicomte de Bonnemains acquit le
domaine du Mesnil-Garnier, et le comte de Semallé celui
de Ducé. Les autres fiefs avaient été morcelés et vendus
pendant la Révolution.

Le Mesnil-Garnier est aujourd'hui la propriété de
M. Jules Tétrel, conseiller général de la Manche, qui a

eu l'obligeance de nous fournir de très intéressants renseignements et de nous faire de curieuses communica-
tions de pièces et titres en sa possession.

Revenons à l'acquéreur de 1600. Thomas Morant
avait fait, aussitôt après son acquisition, construire sur
cette terre un superbe château, « l'un des plus considé-
« rables de la généralité de Caen, et qui lui coûta plus
« de cinq cent mille livres. »

Bâti dans une vallée, entouré d'étangs et de futaies,
le château du Mesnil-Garnier comprenait un corps principal, avec avant-corps élevé surmonté d'un dôme ; aux
extrémités, deux pavillons d'une hauteur de quarante
mètres environ, rappelant l'architecture d'un des pavillons du château de Blois ; puis des ailes en retour
d'équerre. Le tout occupant une superficie de huit mille
mètres carrés était entouré de fossés larges et profonds,
creusés dans le roc et remplis d'eau. Devant le pavillon
central, un pont en pierre avait été jeté sur les douves
larges de vingt mètres, mais n'en occupait que les deux
tiers de la largeur ; un pont-levis et les meurtrières
percées dans les murailles assuraient la défense du château en temps de guerre.

En face du pont, un large espace séparait le château
des colombiers, entre lesquels s'élevait la grille d'entrée
dont les piliers sont encore intacts.

Enfin, autour d'un rond-point, se dressaient des chênes
séculaires et une magnifique avenue de hêtres aujour-
d'hui abattus.

Cinq autres avenues donnaient accès au château, d'où
dépendaient plusieurs belles futaies. Non loin de là était
la splendide forêt de Gavray. Mais futaies, forêt, tout a
disparu de nos jours !

Qu'est devenu lui-même ce château, que ses propor-
tions grandioses avaient fait classer parmi les plus considérables de la généralité de Caen ?

En 1795, la famille Cambioso le fit détruire, sans tenir compte des souvenirs historiques qui s'y rattachaient. Le pavillon de gauche seul échappa à la pioche des démolisseurs : parfaitement conservé, il est presque identique au pavillon de gauche du château de Blois. Les appartements étaient ornés de superbes boiseries en chêne et chacun avait un parquet différent d'un remarquable travail.

Les murs du château ont été rasés à la hauteur du premier cordon de granit au-dessus du sol, ce qui permet encore de se rendre compte de la construction édifiée par Thomas Morant.

Un document permet aussi d'en apprécier l'importance : la vente des matériaux de démolition qui, en raison du mauvais état des routes en 1795, ne devaient avoir que peu de valeur, a produit soixante-quinze mille livres.

Avec les débris de la démolition, on éleva, au milieu de l'enceinte du château, une habitation moderne sans style, ni caractère.

Combien est regrettable la destruction du vieux château, destruction imputable aux Cambioso et non, comme le dit l'*Annuaire de la Manche*, aux comtes de Cresnay ! Que de souvenirs historiques ont ainsi disparu à la fin du xviii° siècle et au commencement du xix° !

A huit cents mètres du château était un couvent de Dominicains, qui avait été construit en 1619 par Thomas Morant et qui, lui aussi, n'existe plus.

Il avait été édifié avec les pierres provenant des fouilles des douves et avec des blocs de granit amenés de carrières éloignées. Autour d'une cour intérieure s'étendait un cloître en granit avec voûte plein cintre, qui supportait le premier étage.

La Révolution détruisit une partie du couvent : le surplus existait encore il y a vingt ans en bon état. Mais son dernier propriétaire, par une bizarre idée que peut seule expliquer son état maladif, avait ordonné dans son testament de tout raser, et cette condition insensée a malheureusement été trop fidèlement exécutée.

Dans ce couvent avaient été enterrés plusieurs membres de la famille de Morant, notamment Thomas, II° du nom, et, en 1785, la marquise de Morant. C'était le lieu de dépôt des titres et archives de la famille.

A gauche du couvent se trouvait l'église, abattue lors de la Révolution. La tour seule avait été respectée ; mais, en 1868, elle aussi a été démolie. Un caveau creusé sous cette tour servait à la sépulture des moines, dont les tombes furent bouleversées en 1793.

Le tableau qui ornait le maître-autel et qui a, paraît-il, une valeur artistique, est maintenant dans l'église du Mesnil-Amand.

L'église paroissiale du Mesnil-Garnier est également ornée d'autels finement sculptés provenant de l'ancienne église du couvent des Dominicains.

Ainsi, de ce splendide ensemble que constituaient le château et le couvent avec son église, il ne reste plus debout qu'un des pavillons du vieux château, abritant de sa masse encore imposante le castel moderne. Les douves, les colombiers, les murs rasés, les chaussées des trois étangs, voilà avec ce pavillon les seuls vestiges des anciennes constructions seigneuriales qui avaient une si véritable grandeur !

§ 2

Thomas Morant, IIe du nom, baron du Mesnil-Garnier

Thomas Morant, II° du nom, chevalier, seigneur et baron du Mesnil-Garnier, d'Eterville et de Soullès, baptisé en l'église Saint-Pierre de Caen, le 13 novembre 1584, fut d'abord conseiller au Grand-Conseil (23 novembre 1605), puis trésorier de l'Épargne du Roy en 1617, au lieu et place de son père ; à la même date, il fut nommé maître des requêtes et envoyé, comme tel, en Normandie, avec le titre de commissaire extraordinaire, en raison des difficultés soulevées par la mise à exécution de certains édits fiscaux.

Nous empruntons à l'*Histoire du Parlement de Normandie*, de M. Floquet (IV, 485), des détails sur les démêlés qui se produisirent entre le maître des requêtes Morant et le Parlement.

« Le gouvernement envoyait en Normandie des com« missaires extraordinaires pour faire exécuter par la « force les édits fiscaux que les Cours souveraines « avaient repoussés ; de nombreuses réclamations s'éle« vèrent contre eux.

« Sous Louis XIII, les maîtres des requêtes Renard, « Granger, Barentin, Fouquet, Turgot, Marescot,

« Morant, se succédèrent dans la province, y prenant
« parfois d'étranges libertés.

« Morant, envoyé en Normandie avec des pouvoirs
« que le Parlement n'avait pas vus, allait de ville en
« ville, de prétoire en prétoire, prendre d'autorité la
« première place parmi les juges, faire lire ses pouvoirs,
« les déclarer lui-même enregistrés..., agissant en
« maître, ordonnant toutes choses, tranchant sur tout ;
« on le voyait partout informer, décréter, faire trans-
« férer des prisonniers, en disposer à son gré, faire
« raser des châteaux sous prétexte de fortifications (?),
« mander les magistrats, les interroger sur ce qui regar-
« dait l'administration de la justice. »

On l'accusa même devant le Parlement d'avoir, au
mépris des plus anciens usages, « dispensé les assesseurs
« de la vicomté de Bayeux d'opiner publiquement ès
« causes d'audience et de demander l'advis des advocats
« assistants » et d'avoir ordonné « que tous procès ap-
« pointés au Conseil seraient jugés à huis-clos par l'advis
« seul des assesseurs. » En réalité, il s'était contenté
d'accueillir favorablement les réclamations et plaintes
des assesseurs.

Le Parlement, qui déjà avait ordonné la comparution
de Morant devant les Chambres assemblées pour y présenter ses commissions et avait fait, en attendant, défense de les exécuter et y avoir égard (23 février 1617),
« cassa et annula tout ce qu'avait fait Morant, enjoignit
« à tous juges du ressort d'observer exactement les
« arrêts et règlements, fit défense à de Morant de rien
« innover. »

Levert, huissier du Parlement, fut envoyé à Caen
pour lire à de Morant les arrêts de la Cour avec l'assi-
gnation, mais ce dernier le fit arrêter. Toutefois, sur les
observations du lieutenant-général du Présidial, qui lui
représenta que cet huissier envoyé par le Parlement ne

pouvait être arrêté, Morant consentit à le faire élargir des mains des sergents, le gardant seulement en arrêt dans la ville. Levert prit la fuite et alla raconter les faits « au Parlement qui, furieux, lança contre de Morant « une ordonnance de prise de corps » et dépêcha deux huissiers pour l'exécuter.

A cette nouvelle, les maîtres des requêtes, réunis à Paris, prenant fait et cause pour leur collègue, « décré-« tèrent, par une sentence *ab irato,* de prise de corps « plusieurs conseillers de la Grande-Chambre, l'avocat « général et même le premier président, Faucon de « Ris » !

Un arrêt du Conseil, auquel prit part le Roi (1ᵉʳ juin 1617), mit fin à ces démêlés violents en annulant à la fois les arrêts du Parlement et la décision illégale des maîtres des requêtes, ensemble en révoquant les commissions de Morant, dont le zèle et l'ardeur étaient jugés exagérés.

Des lettres patentes du 21 février 1621 nommèrent Thomas Morant grand trésorier et commandeur des ordres du Roi ; la même année, après la mort de son père, il fut nommé conseiller du Roi en ses Conseils d'Etat et privé. Il était en même temps garde héréditaire des sceaux et obligations de la vicomté de Caen [1].

Thomas Morant s'occupa à la même époque de compléter l'organisation du couvent des Dominicains, fondé par son père dans sa terre du Mesnil-Garnier.

Il avait lui-même, en 1620, fait une fondation inté-

---

[1] M. de Courson, dans son ouvrage si complet et si intéressant, *Recherches nobiliaires en Normandie,* 1866-1876, ouvrage auquel nous ferons plus d'un emprunt, cite de nombreux actes notariés, 1628-1641, reconnus par Thomas Morant, chevalier, seigneur baron du Mesnil-Garnier, conseiller du Roi en ses Conseils d'Etat et privé, grand trésorier de ses ordres, trésorier de son Épargne, garde héréditaire du scel des obligations de la vicomté de Caen.

ressante en faveur du collège de Mont, dirigé par les
Jésuites, à Caen, en instituant, par un contrat passé
devant les notaires de Caen, des prix qui devaient être
distribués en son nom à perpétuité.

Ces prix, dont de beaux spécimens sont au Musée
Mancel de Caen, portent sur la couverture des écussons
divers : tantôt l'écu de Morant, plein, ovale, avec couronne ducale et les colliers des ordres du Roi ; tantôt
un écusson écartelé aux 1 et 4 de Morant et aux 2-3 des
armes des Cauchon-Treslon, un griffon sommé d'un
casque avec ses lambrequins. Ces armoiries étaient
celles de la première femme de Thomas Morant.

Nous possédons un de ces volumes, portant ce dernier écusson ; le surplus de la reliure est couvert de
grandes fleurs de lys. Sur la première page on lit :
« *Ex munificentia D. D. Morantii, baronis du Mesnil-*
« *Garnier et Torquatorum equitum quæstoris, Musarum*
« *Cadomensium in regio collegio societatis Jesus agonothetæ*
« *perpetui...* »

Ce prix fut décerné, le 28 août 1692, à Jean-François
de la Pigassière de Cairon qui, coïncidence bizarre,
devait par la suite, épouser une des descendantes de
celui qui avait si généreusement fondé ces prix.

Thomas Morant avait acquis, en 1630, la baronnie de
Courseulles, dépendant de la sergenterie de Bernières,
élection de Caen [1].

A la même époque, des troubles ayant éclaté en
Basse-Normandie, à l'occasion de l'établissement de la
gabelle, il fut vivement inquiété par les *Nu-Pieds*, qui le
traitaient de *monopolier* et de *gabeleur* ; il dut se fortifier
dans son château du Mesnil-Garnier.

---

[1] Ce fief était titré baronnie depuis le xiiie siècle. Le château
actuel, style Louis XIII, a dû être bâti par Thomas II. Il a été aliéné
par la famille de Morant au commencement du xviiie siècle.

Nous avons dit qu'il avait épousé en premières noces *Jeanne Cauchon de Treslon*, qui mourut le 9 septembre 1622. Le contrat de mariage porte la date du 23 juillet 1609, Ferbire et Bergeon, notaires à Paris (Archives nationales, M-477, expédition de 1755). Il constate la présence de :

« Messire Laurent Cauchon, sieur de Treslon, con-
« seiller du Roy en son Conseil d'Etat et privé, maître
« des requestes ordinaire en son hôtel, et de dame Anne
« Brulart, sa femme, demeurant à Paris, au *Chevalier
« du Guet*, père et mère de la future ;

— « Messire Thomas Morant, futur époux, sieur et
« baron du Mesnil-Garnier, conseiller du Roy en son
« Grand-Conseil, demeurant à Paris, rue de Jouy,
« paroisse Saint-Paul, assisté et de l'autorité de noble
« homme Thomas Morant, sieur et patron d'Esterville
« et Rupierre, conseiller du Roy, trésorier général de
« France en la généralité de Rouen, et demoiselle
« Massiotte Morel, ses père et mère ;

— « Dame Marie Cauchon, veuve de feu Messire
« Pierre Brulart de Sillery [1], vivant sieur de Bibrun,
« conseiller du Roy en ses Conseils, président des re-
« quêtes en sa Cour des aydes, ayeulle ;

— « Messire Nicolas Brulart, sieur de Sillery, con-
« seiller du Roy en ses Conseils, chancelier de France ;

— « Frère Noël Brulart, chevalier de l'ordre de Saint-
« Jean de Jérusalem, ambassadeur dudit ordre, com-
« mandeur de Froy, gentilhomme ordinaire de la
« chambre du Roy et premier maître d'hôtel de la Reine,
« oncle ;

— « Messire Pierre Brulart, sieur de Puisieux [2], con-

---

[1] Ce Pierre Brulart de Sillery a dû être intendant de la généralité de Tours, 1566-1580.

[2] Secrétaire d'Etat en 1640.

«:seiller de Sa Majesté en son Conseil d'Etat et de ses
«commandements ;

— « Messire de Bellièvre [1], conseiller du Roy en sa
« Cour de Parlement ;

— « Gabriel Eude, gouverneur de la ville et château
« de Lisieux ; Jacques Poirier, conseiller du Roy, maître
« des requêtes ordinaire en son hostel, amis dudit sieur
« de Mesnil-Garnier.. »

La dot de la future était de quarante mille livres,
dont un tiers demeurant au futur pour frais de noces.
Celle du futur consistait : 1° en la moitié de l'hôtel de la
rue de Jouy, donnée par son père, le sieur d'Eterville
(l'autre moitié demeurant pour part et à la disposition de
la mère du futur) ; 2° en son office de conseiller au
Grand-Conseil ; 3° en la propriété et usufruit de la terre
et baronnie du Mesnil-Garnier et Champrepus ; 4° et
enfin en la moitié des meubles qui se trouveront au décès
de ses père et mère. La future épouse recevait du futur
époux un douaire de deux mille cinq cents livres de
rente.

Nous possédons des jetons en argent, frappés en
l'honneur des époux. D'un côté, l'écu aux trois cormorans, avec casque et lambrequins, entouré du grand
cordon auquel est suspendu la croix du Saint-Esprit ;
autour on lit : T. MORANT BAR. DV MESNIL-GAR ᴿGRᴿ TRᴿ D.
ORD. ET DE L'ESPARG. — Au revers, écu écartelé aux 1-4
de Morant, 2-3 au griffon des Cauchon-Treslon, entouré
d'une cordelière avec la devise : A CANDORE DECUS.

De ce premier mariage sont issus :

I. *Thomas*, III° du nom (voir plus loin).

II. *Anne*, née en 1619, mariée, le 23 octobre 1636, à
Louis Ollivier, chevalier, marquis de Leuville, baron de
Vair, lieutenant-général des armées du Roi. Devenue

[1] Procureur général en 1650.

veuve, elle substitua sa terre de Leuville à son neveu Louis du Bois, marquis de Givry, qui épousa la fille de Thomas, IIIe du nom. Elle est décédée le 9 septembre 1698, sans laisser de postérité ; elle avait perdu ses deux enfants : Louis Olivier, marquis de Leuville, mort sans postérité en 1671, et Marie-Anne Olivier de Leuville, gouvernante des enfants de Monsieur, laquelle avait épousé Antoine Ruzé, marquis d'Effiat, Chilly, Lonjumeau, etc., chevalier des Ordres du Roy et premier écuyer de Monsieur, morte aussi sans postérité en 1684 (*Mercure galant*, septembre 1698, p. 258).

III. *Jeanne*, née en 1620, morte sans alliance.

Thomas Morant épousa en secondes noces, le 16 septembre 1624, noble damoiselle Françoise ou Catherine de Vieuxpont, fille de Jean de Vieuxpont, écuyer, et de Marie-Catherine de Beaufremont.

En l'honneur de ce mariage il fit frapper de nouveaux jetons (voir à la Bibliothèque nationale), portant d'un côté l'écu de Morant, avec casque et lambrequins, entouré du collier du Saint-Esprit, et en exergue : M^{RE} TH. MORANT, CON^R D'ESTAT, GR^D TRES^R DES ORDRES ; — au revers, l'écu des Vieuxpont *d'argent à dix annilles de gueules*, avec couronne de palmes et autour : DAME FRAN-ÇOISE DE VIEVPONT.

FAMILLE DE VIEUXPONT

Nous croyons intéressant, en raison de cette alliance, de donner quelques détails sur la famille de Vieuxpont dont le nom a été illustre en Normandie et dans le pays chartrain [1]. (Armes : *d'argent à dix annelets de gueules, posés 3, 3, 3 et 1.*)

M. le marquis de Morant, chef actuel de la famille de Morant, possède une très belle généalogie de la famille de Vieuxpont, qu'il a bien voulu nous communiquer en même temps que de nombreux et intéressants renseignements qui nous ont été très utiles pour notre étude. Cette généalogie (dont nous possédions du reste une copie, faite à la fin du xviiie siècle) établit les alliances de la famille de Vieuxpont avec les familles d'Harcourt, de Ponthieu et d'Artois, d'une part ; de Husson-Tonnerre et de Courtenay, d'autre part ; de Roncherolles, de Châtillon et de Dreux, d'un autre côté, et enfin de Beaufremont, d'Amboise, de Beaumont et de Brienne, de telle sorte que la famille de Vieuxpont se rattache par ces diverses alliances à la Maison de France.

La famille de Vieuxpont remonte à Yves, seigneur de Vieuxpont, en Normandie, et de Courville au pays chartrain en 881. Son arrière-petit-fils, Guillaume de Vieuxpont, chevalier, seigneur de Courville, sous Philippe-Auguste, est le quatorzième aïeul de Françoise de Vieuxpont, mariée, en 1624, à Thomas Morant.

[1] *Dictionnaire de la Noblesse*, édition de 1757, III.

Yves, seigneur de Courville et de Chailloué, fut tué à la bataille d'Azincourt (1415). Des lettres patentes du 16 mai 1416 déclarèrent ses enfants de grande et noble génération.

Il avait épousé, le 24 mars 1400, Blanche d'Harcourt, fille de Philippe d'Harcourt, seigneur de Bonnétable, et de Jeanne de Tilli, et petite-fille de Jean V, comte d'Harcourt, époux de Blanche de Ponthieu, comtesse d'Aumale; celle-ci, par sa mère, Catherine d'Artois, était elle-même arrière petite-fille de Charles de France, comte d'Anjou et de Valois, fils de Philippe III le Hardi, roi de France, et d'Isabelle d'Aragon.

Le fils d'Yves, *Laurent*, chevalier, seigneur de Vieuxpont, épousa, le 10 avril 1455, Marie de Husson, fille d'Olivier de Husson et de Marguerite de Châlons, comtesse de Tonnerre, descendante en ligne directe de Jean de Châlons, seigneur de Rochefort, époux d'Alix de Bourgogne, comtesse d'Auxerre, laquelle était fille de Jean I, comte de Bourgogne et de Châlons, et d'Isabeau de Courtenay, celle-ci, petite-fille de Pierre de France, un des fils du roi Louis VI, seigneur de Courtenay par sa femme, Isabelle de Courtenay (1150).

Le fils de Laurent, *Jean*, chevalier, seigneur de Vieuxpont, baron de Neufbourg, épousa, le 5 janvier 1470, Françoise de Roncherolles, dame de Hacqueville, fille de Pierre de Roncherolles [1], conseiller du roi, et de Marguerite de Châtillon, laquelle descendait en ligne directe de Gaucher de Châtillon, connétable sous

[1] Cf. Dictionnaire de La Chesnaye-Desbois, v° *de Roncherolles* : 5 janvier 1470, Françoise, dame de Hacqueville, fille de Pierre de Roncherolles, IIIᵉ du nom, seigneur de Hacqueville et du Pont-Saint-Pierre, conseiller des rois Louis XI et Charles VIII, épousa Jean de Vieuxpont, baron de Neufbourg.

On lit dans le *Mercure de France* (août 1752) : « La maison de Roncherolles est une des plus illustres de la province de Norle règne de Philippe VI de Valois, et d'Isabelle de Dreux ; celle-ci descendant également en ligne directe de Robert de France, comte de Dreux, troisième fils du roi Louis VI.

Leur fils aîné, Laurent, IIe du nom, baron de Neufbourg [1], épousa (18 février 1507) Jacqueline de Clérembault, fille de Gilles, vicomte du Grand-Montrevau.

Son frère Jean, IIIe du nom, épousa (1509) Françoise de Villette et eut pour fils Jean IV, époux de Françoise de Vaux (1555).

---

mandie, tant par l'ancienneté de son origine que par ses alliances. Elle tire son nom de la terre et seigneurie de Roncherolles, située dans le Vexin, qu'elle possède de temps immémorial.

Geoffroy Ier, sire de Roncherolles, 1231, chevalier, sénéchal de Beaunaire en 1258-1260, emploi qui n'était donné qu'aux plus grands seigneurs, en 1620 bailli de Vermandois.

Son deuxième fils, Guillaume IV, fut père de Jean, baron de Pont-Saint-Pierre. Le fils de Jean, Guillaume, fut tué en 1415 à Azincourt. Il avait épousé Marguerite de Léon, dame d'Haqueville. Leur fils, Louis Ier, s'allia avec Isabeau de Rouville, d'où Pierre, sire de Roncherolles, conseiller et chambellan des rois Louis XI et Charles VIII, qui épousa le 12 septembre 1452 Marguerite de Chastillon. »

[1] Laurent II eut pour fils Louis de Vieuxpont, chevalier de l'ordre du Roi, baron de Neufbourg, lequel, de son second mariage (mai 1559) avec Catherine d'Aubrai, eut un fils, Alexandre, chevalier, marquis de Coetmer, baron de Neufbourg, conseiller du Roy en son Conseil d'État, gentilhomme ordinaire de sa chambre et vice-amiral de Bretagne, chevalier du Saint-Esprit en 1619, époux le 28 février 1593 de Renée de Tournemine, fille de Jacques de Tournemine, seigneur de Coetmer et de Lucrèce de Rohan. Cf. Ecu de Vieuxpont, avec les colliers des ordres, couronne de marquis, accolé de : *écartelé, 1.4 contr'écartelé d'or et d'azur* (Tournemine), *2.3 de gueules aux neuf mâcles d'or* (de Rohan). Alexandre n'eut que des filles, dont une, Catherine, épousa son cousin Henri de Vieuxpont, et une autre, Louise, se maria (11 juin 1617) avec Guy de Rieux, marquis d'Oixant, chevalier de l'ordre du Roy, gouverneur de Brest, premier écuyer de la reine Marie de Médicis, décédé en 1640 à Neufbourg, terre de la maison de Vieuxpont (*Chevaliers bretons de Saint-Michel, loc. cit.).*

Jean, V° du nom, chevalier, seigneur et baron de
Vieuxpont, de Saintine et de Géromesnil, chevalier
des ordres du roi, épousa, le 25 avril 1597, Marie-
Catherine de Beaufremont, fille de Charles-Claude de
Beaufremont, baron de Senneçay, et de Marie de Brichanteau Nangis [1], et arrière-petite-fille de Pierre de
Beaufremont et de Charlotte d'Amboise ; celle-ci descendant en ligne directe de Jean d'Amboise, seigneur
de Chaumont, époux de Jeanne de Beaumont ; Jeanne
de Beaumont était arrière-petite-fille de Louis de
Brienne, vicomte de Beaumont, fils lui-même de Jean
de Brienne, roi de Jérusalem, et de Bérangère de Castille, celle-ci fille d'Alphonse IX, roi de Castille, et
d'Eléonore d'Angleterre.

Du mariage de Jean de Vieuxpont et de Catherine de
Beaufremont sont issus :

1° Françoise, qui épousa, en 1624, Thomas de
Morant ; 2° Louise, qui se maria à Philippe de Créqui
(cf. D'Hozier, v° de Créqui, I, 1°) ; 3° Henri, baron
de Vieuxpont, qui épousa sa cousine Catherine de
Vieuxpont et eut pour fils Alexandre, époux de Henriette Aubert, fille du marquis de Vatan, et pour petit-
fils Guillaume-Alexandre, marquis de Vieuxpont, lieutenant des armées du Roi, gouverneur de Charlemont,
mort sans enfants en 1728.

---

[1] En 1578, Antoine de Brichanteau, marquis de Beauvais-Nangis,
était amiral de France.

Catherine de Beaufremont était la sœur d'Henri de Beaufremont,
marquis de Senneçay, chevalier des ordres du Roy, qui épousa
Marie-Catherine de la Rochefoucauld, duchesse de Randan, première dame d'honneur de la reine Anne d'Autriche, d'où
Henri de Beaufremont, maréchal de camp en Piémont, Louis
comte de Randan, et Marie-Claire, première dame d'honneur de la
Reine, mariée à Jean-Baptiste Gaston de Foix.

En lui s'est éteinte la famille de Vieuxpont [1].

Revenons, après cette longue disgression, à Thomas Morant et à sa seconde femme Françoise de Vieuxpont.

De ce mariage naquirent [2] :

i. *Nicolas-Claude,* auteur de la branche puînée des de Morant, baron de Courseulles (ci-après), branche dite encore d'Eterville de Morant (*Mercure de France,* 1752) ;

ii. *Charles-Roger,* dit le chevalier du Mesnil-Garnier, auteur de la branche cadette des barons de Coulonces (voir plus loin) ;

iii. *Henri-Dominique,* dit le chevalier de Courseulles, officier de marine ;

iv. *François,* religieux bénédictin, prieur de Cusset ;

v. *Louis,* né le 25 septembre 1641, au château de Courseulles, lieutenant de vaisseau ;

vi. *Marie-Claire,* épouse de Michel Le Loup, sieur de la Motte-Guesclin, décédée en 1692 ;

vii. *Catherine,* abbesse du Gif ;

viii. *N...,* abbesse de Maret ;

ix. *N...,* abbesse de Montreuil ;

x. *N...,* supérieure des Carmélites de Compiègne.

Mort en 1651, Thomas Morant fut inhumé dans le couvent des dominicains au Mesnil-Garnier.

---

[1] Consulter au sujet de la famille de Vieuxpont l'inventaire du château de Chailloué, publié par M. de Beaurepaire, archiviste à Rouen, pour la Société des Bibliophiles normands.

Cet inventaire provenait du château du Camp-de-Bataille, ancienne résidence des d'Harcourt.

Nous avons vu qu'en 1400 Yves de Vieuxpont était seigneur de Courville et de Chailloué.

[2] Cf. Dictionnaire de La Chesnaye-Desbois et *Recherches nobiliaires en Normandie.*

A la Bibliothèque nationale (collection Clairembault), se trouve le portrait à la sépia de Thomas Morant, grand trésorier des Ordres, 1621, avec le cordon bleu.

Les Archives nationales possèdent un brevet de lods et ventes en faveur de ses enfants (section administrative $0^{ix}14$).

II

BRANCHE AINÉE. — MARQUIS DE MORANT
DU MESNIL-GARNIER

§ 1ᵉʳ

Thomas Morant, IIIᵉ du nom, marquis du Mesnil-Garnier

Du mariage de Thomas Moranl, IIᵉ du nom, avec
Jeanne Cauchon de Treslon, naquirent, comme nous
l'avons dit, trois enfants : un fils, Thomas, et deux
filles.

Thomas, IIIᵉ du nom, né en juillet 1616, fut conseiller
au Grand-Conseil (18 septembre 1636), garde des sceaux
de la vicomté de Caen, chevalier des ordres du Roy,
maître des requêtes (6 août 1643); puis successivement
intendant à Bordeaux et à Montauban, en Picardie et en
Bourgogne (1651), à Caen (1653), à Rouen (3 décembre 1657-5 janvier 1659), en Touraine, Anjou et
Maine (1659-1663); maître des requêtes honoraire en
1663, il fut la même année nommé conseiller d'État.

Louis XIV, appréciant son intelligence et sa capacité,

3

lui avait confié une mission relative à des négociations ouvertes avec « les hauts et puissants seigneurs » les États Généraux des Pays-Bas.

Nous verrons plus loin, dans des lettres-patentes datées de 1658, une allusion à ces négociations auxquelles fut mêlé Thomas Morant. Mais, aux Archives du Ministère des affaires étrangères, malheureusement incomplètes pour cette période, il nous a été impossible de retrouver le rôle joué par Thomas Morant dans ces négociations.

Le dépôt de ces Archives ne contient que la minute d'une commission qui lui fut donnée pour « l'exécution « des traittez faicts avec MM. les Estatz. » Datée de Paris, le 6 février 1651, elle débute par ces mots : « Louis, « etc., à nostre amé et féal le sr Morant, conseiller en « nostre Conseil d'Etat et maistre des requêtes de « nostre hostel, salut. »

Thomas Morant devait se rendre dans les ports du royaume pour y réparer, autant que possible, les méfaits des corsaires français qui s'obstinaient à saisir dans la Méditerranée, l'Océan et la Manche, les bâtiments de commerce hollandais, en violation des traités conclus avec les Pays-Bas. Ceux-ci ne cessaient de protester contre ces procédés, et il semble que ce fut pour faire droit à ces justes réclamations que Thomas Morant reçut cette commission.

Thomas Morant mourut à Paris le 6 octobre 1692, et fut inhumé à Saint-Jacques-du-Haut-Pas.

En 1654, lors du mariage de son frère consanguin, Nicolas-Claude, avec demoiselle Marie-Charlotte de Hacqueville, il fut appelé comme chef de la famille à donner son approbation au contrat de mariage, ainsi qu'il appert d'un acte annexé audit contrat.

« Aujourd'hui vingt neufiesme novembre audict an mil six cens cinquante quatre, avant midy, est comparu pardevant les dictz notaires (Boindin et Muret, du Châtelet de Paris), hault et puissant seigneur messire Thomas de Morant, chevalier, seigneur et baron du Mesnil-Garnier, conseiller du Roy en ses conseils, maistre des requêtes ordinaire de son hostel, demeurant à Paris rue du Parc-Royal, paroisse Saint-Gervais, frère aisné dudict seigneur messire Nicolas-Claude de Morant, baron de Courceulles, et lequel seigneur du Mesnil-Garnier, après avoir leu le contrat de mariage cy-dessus escript, a déclaré avoir le dict contrat pour agréable en tant qu'à luy est, dont a été faict le présent acte... »

Quelques années après, il obtint des lettres-patentes érigeant la baronnie du Mesnil-Garnier en marquisat. Ces lettres-patentes, d'août 1658 (et non de 1672 comme dit La Chesnaye), font partie des archives de la Seine-Inférieure (collection des mémoriaux de la Chambre des comptes de Rouen, B. 78, fol. 112 et s., année 1659), et nous en devons la communication à l'obligeance du savant archiviste, M. de Beaurepaire.

Nous en avons extrait ce qui suit :

« Louis, par la grâce de Dieu...

« La reconnaissance des services, fidélité et assis-
« tance que le Roy Henri quatrième, d'heureuse mé-
« moire, notre très honoré seigneur et ayeul, avait receult
« durant les troubles, du deffunct sieur Morant d'Es-
« terville, trésorier de l'Espargne, et en plusieurs autres
« charges honorables auxquelles il avait été employé, et
« la considération du chasteau du Mesnil-Garnier qui
« s'estait conservé pendant tous les mouvements précé-
« dents en l'obéissance et service des autres Roys nos
« prédécesseurs et qui, par ce moyen, avait conservé et
« maintenu un grand pays et empesché la révolte de
« beaucoup de nos subjects dont ils auraient tiré de

« grands secours d'hommes et de deniers, bien que
« ledit chasteau fut proche des villes et places révoltées
« contre leurs services, l'ayant convié à ériger et décorer
« la terre, seigneurie et chastellenie du Mesnil-Garnier
« du nom et tiltre de baronnie et d'unir à icelle la terre
« et seigneurie de Champrepus et fief de Mansel.

« Comme nous avons bien voulu tesmoigner à nostre
« très cher et bien amé et féal Thomas Morant, nostre
« conseiller ordinaire en nos conseils, et maistre des
« requêtes ordinaire de nostre hostel, la satisfaction que
« nous avons des preuves de sa fidélité et des services
« qu'il nous a rendus jusques icy en plusieurs charges
« considérables, dans les négociations faictes par nos
« ordres avec nos très chers grands amys, alliez et con-
« fédérez les sieurs Etats généraux des provinces unyes
« des Pays-Bas, et dans les intendances des généralités
« de Bordeaux, Montauban et Caen, et qu'il nous rend
« encores à présent en celle de Rouen, et nous resou-
« venants aussy des services que nous aurions receulz
« du deffunct sieur Morant, conseiller ordinaire en nos
« conseils, cy-devant aussi trésorier de nostre Espargne
« et grand trésorier de nos ordres et de ceux que
« ledit deffunct sieur Morant d'Esterville, son ayeul
« (Thomas Ier du nom), aurait rendus depuis l'érec-
« tion de la dite terre en baronnie aux deffunctz Roys
« Henri quatrième et Louis treizième, nos très honorés
« seigneurs ayeul et père.

« Considérant d'ailleurs que le dit chasteau du Mesnil-
« Garnier, depuis quelques années, a été embelly et
« fortifié de plusieurs pavillons et autres bastiments,
« qu'il est encloz de doubles fossés et qu'il y a bois de
« haute fustaye, moulins, estangs, colombiers, domaines,
« prez, terres en labour, rentes seigneuriales, justices,
« plusieurs patronnages de paroisses unyes à la dite

« barounie, foires et marchez, grand nombre d'hommes,
« fiefs nobles et seigneuries qui relèvent de la dite
« baronnie du Mesnil-Garnier, et qu'en outre les terres
« nobles du Mesnil-Hue, Mesnil-Amand, Bourguegnolles,
« la Trinité et la vicomté de Saint-Germain, exprimées
« dans les lettres d'érection de la dite terre en baronnie,
« celles de Monceaux, de Mont-Fiquet et du Mesnil-
« Villeman, en rellevent, aussy desquelles rellevent
« plusieurs autres fiefs, terres et seigneuryes et arrières-
« fiefs.

« Voulant donner au sieur Morant plus d'occasion et
« de moyen de nous continuer ses services, nous avons
« advisé d'honorer et décorer la dicte baronnie du
« Mesnil-Garnier du tiltre et qualité de *marquisat* et à
« icelle unir les terres, seigneuries et plains fiefs de
« haubert d'Eterville et des Bruslards par luy nouvel-
« lement acquis.

« Scavoir faisons affin que l'on congnaisse les effects
« de gratification, honneur et récompense que nous
« rendons aux personnes d'honneur, qualité et mérite,
« et pour exciter les autres à mériter par leurs vertus
« les mesmes avantages.

« A ces causes et autres considérations à ce nous
« mouvans, nous avons de nostre grâce spéciale, pleine
« puissance et authorité royale, uny et incorporé par
« ces présentes signées de nostre main, unissons et
« incorporons les terres et seigneuryes en plein fief de
« haubert[1] d'Eterville et des Bruslards, leurs apparte-

---

[1] « On nommait *fiefs de haubert* ceux qui ne pouvaient anciennement être possédés que par un chevalier, qui devait le service
en cette qualité à son seigneur dominant, c'est-à-dire quand il
avait atteint l'âge auquel il était d'usage de se faire armer et
servir avec le *haubert* ou haubergeou, qui n'était autre chose
qu'une cotte de maille dont les seuls chevaliers pouvaient se
servir.

« En Normandie, le fief de haubert était le plus noble après les

« nances et dépendances à la dicte baronnie du Mesnil-
« Garnier ;

« Nous de nostre même grâce..., avons créé et érigé
« et eslevé, créons et érigeons et eslevons en tiltre,
« qualité et dignité de marquisat avec toutes leurs
« appartenances et dépendances, telles que le dit sieur
« Morant les possède à présent en nostre pays de Nor-
« mandie...; avons orné et décoré, ornons et décorons
« du nom, tiltre, prééminence et dignité de *marquisat*
« *du Mesnil-Garnier*.... pour dudict nom et tiltre de
« marquisat du Mesnil-Garnier jouir et user plainement,
« paisiblement et perpétuellement par ledit sieur Mo-
« rant, ses hoirs, successeurs et ayant cause et les
« descendants d'iceux en légitime mariage et estre yceux
« censéz, nomméz et qualifiéz tant en jugement que
« dehors *marquis du Mesnil-Garnier* en tous telz et
« pareilz droicts, privilèges, honneurs, prérogatives,
« prééminences en fait de guerre et assemblées de
« nobles et partout ailleurs ainsi et qu'en jouissent de
« présent, doibvent jouir et user les autres marquis de
« nostre royaume et spéciallement de nostre province
« et pays de Normandie...

« Donné à Fontainebleau au mois d'aoust, l'an de
« grâce mil six cent cinquante huict et de nostre règne
« le saizième. Signé : Louis et, sur le reply, par le Roi,
« *Phelipeaux.* »

Ces lettres-patentes furent enregistrées le 11 août
1659.

fiefs de dignité (principautés, duchés, marquisats, comtés, vi-
comtés, baronnies). On lui donnait le premier rang après les
baronnies sans cependant le mettre au nombre des fiefs de dignité
(art. 155 et 156, coutumes de Normandie). »
Denisart, collections de décisions nouvelles, vº Fief, nᵒˢ 33, 34.

La Bibliothèque nationale possède deux jetons au nom et aux armes de Thomas Morant, III° du nom.

Sur la face du premier se trouve un écu écartelé aux 1 et 4 du *griffon* des Cauchon de Treslon, et aux 2 et 3 *d'or à la bande de gueules chargée de cinq barillets et d'une traînée de poudre* qui est de Brulart Sillery [1], et sur le tout de Morant, *d'azur à 3 cormorans d'argent*, timbré d'un casque posé de front avec lambrequins et pour cimier un lion naissant armé et lampassé, pour tenants deux lions armés et lampassés de gueules, la tête tournée vers l'écu. On lit en exergue : Mᴿᴱ TH. MORANT CH. Sᴿ DESTERVILLE, CONᴿ D'EST. ET Mᴱ D. REQᴱˢ. Au revers est le même écu accolé d'un autre portant de *gueules à la face d'or chargée d'un croissant du champ et accompagnée de 3 gerbes de bled d'or 2 et 1*, écu entouré d'une cordelière. Autour on lit : CATHERINE BORDIER, 1643 (première femme de Thomas Morant).

Le second jeton a son avers semblable à celui du précédent. Sur le revers, même écu accolé d'un autre portant *d'azur au chevron d'or avec deux étoiles d'or en chef et une rose d'or en pointe*. L'écu est accosté de deux palmes et sommé d'une couronne de roses. Autour on lit : MARIE AVELINE, 1645 (deuxième femme de Thomas Morant).

Thomas, III° du nom, avait en effet épousé successivement :

1° En 1640, Catherine Bordier, dont il eut un fils, Thomas-Alexandre ;

(Catherine Bordier était fille de Jacques Bordier, intendant des finances, et mourut le 12 juin 1642) ;

2° Vers 1644, Marie Aveline, fille de Jean Aveline, seigneur de la Garenne, et décédée en 1649 ;

---

[1] D'après l'Armorial de Denais, les armes des Brulart de Sillery, sont de *gueules à une bande d'or chargée d'une traînée tortillée de sable et de cinq barillets de même, 2 dessus, 3 dessous.*

De ce mariage est issue Françoise de Morant, dame de la Garenne (22 décembre 1648-2 avril 1676) qui épousa (contrat du 21 août 1664) Louis du Bois, marquis de Givry et de Leuville, grand bailli de Touraine, lieutenant général des armées du Roi, mort le 13 décembre 1699, et eut pour fils le marquis de Leuville, lieutenant général des armées du Roi, et le bailli de Givry, commandeur et bailli de Malte, aussi lieutenant général des armées du Roi ;

3° Enfin il épousa en troisièmes noces (1669) Louise Le Meneust de Bréquigny ;

Louise Le Meneust, née à Saint-Germain de Rennes, le 15 juillet 1640, était la troisième fille de Guy Le Meneust, seigneur de Bréquigny, président à mortier au Parlement de Bretagne, et de Suzanne de Coetlogon ; elle était veuve de René de Kergroadès, marquis dudit lieu (château en Plourin, Finistère), qu'elle avait épousé en 1658[1] (cf. sur les Kergroadès, les *Chevaliers Bretons de Saint-Michel*, 1469-1665).

Aux Archives nationales (M-477), se trouve le contrat de mariage de Thomas Morant, marquis du Mesnil-Garnier, et de Louise Le Meneust. Il est daté du 11 juillet 1669 et fut reçu par les notaires Gary et Moufle. Le mariage fut célébré en la paroisse de Saint-Sulpice de Paris.

De ce mariage sont issus : *Thomas-Guy* de Morant, comte de Penzès, et *Louise-Suzanne,* décédée célibataire en 1702.

On trouve également aux Archives nationales (section administrative 0^{IX} 26, f° 408) mention d'un procès soutenu en 1682 par Thomas Morant avec les Jacobins du Mesnil-Garnier.

---

[1] Renseignements dus à l'obligeance de M. Saulnier, conseiller à la Cour de Rennes.

Les archives du Calvados contiennent de nombreux actes notariés reconnus devant Th. Morant, garde hérédital des sceaux et obligations de la vicomté de Caen et d'Evrecy (1654-1679).

Le portrait de Thomas Morant, par Largillières, figure dans les galeries de Versailles : il a été gravé par Frosne (in-8°) et par Lombart (in-f°).

§ 2

Thomas-Alexandre Morant, premier président au Parlement de Toulouse.

Thomas-Alexandre, né le 21 juin 1642, issu du mariage de Thomas Morant, IIIᵉ du nom, et de Catherine Bordier, fut d'abord conseiller du Roi en la cour du Parlement de Paris (19 août 1669). M. de Courson[1] cite à son propos un extrait d'un manuscrit de la Bibliothèque nationale, collection dite des Cinq Cents de Colbert, Portraits des membres du Parlement : « *Morant :* fort « éclairé, subtil et d'une expression aisée qui sait don- « ner le tour aux choses et en a fait de bons (tours) en « sa vie ; normand et un peu dangereux. »

Maître des requêtes de l'hôtel, 3 mars 1674[2], il fut ensuite intendant de justice, police et finances dans les provinces du Bourbonnais (1675) et de Provence[3].

---

[1] *Recherches nobiliaires en Normandie*, p. 371.

[2] Il fut plus tard nommé maître des requêtes honoraire. Cf. arrêts du Conseil, 1701, relatifs à Thomas-Alexandre Morant, maître des requêtes honoraire de l'hôtel. (Archives nationales, section administrative, E. 707, pièce 56 ; E. 1914, pièce 120.)

[3] Dans l'*État de la France*, Paris, 1687, il figure encore dans la liste des maîtres des requêtes ordinaires de l'hôtel du Roy, suivant l'ordre de réception :

« 1674, Thomas-Alexandre Morant, intendant en Provence, cy- « devant conseiller au Parlement. »

En qualité d'intendant dans le Bourbonnais, il eut à recevoir, en 1676, Mme de Montespan. Mme de Sévigné nous a décrit la magnificence déployée par lui en cette occasion : « Mme de Montespan partit jeudi de Moulins « dans un bateau peint et doré, et meublé de damas « rouge par dedans, que lui avait fait préparer M. l'In- « tendant, avec mille chiffres, mille banderolles de « France et de Navarre : jamais il n'y eut rien de plus « galant ; cette dépense va à plus de vingt mille écus ; « mais il en fut payé bien comptant par la lettre que la « belle écrivit au Roi dans le même temps, qui n'était « pleine, à ce qu'elle lui dit, que de cette magnificence. « Elle ne voulut point se montrer aux femmes ; mais les « hommes la virent à l'ombre de M. Morant, l'intendant. « Elle s'est embarquée sur l'Allier pour trouver la « Loire à Nevers, qui la doit mener à Tours et puis à « Fontevrault, où elle attendra le retour du Roi[1]. »

C'est en octobre 1680 que Thomas Morant fut nommé intendant de la Généralité d'Aix, en même temps que le duc de Vendôme gouverneur de la Provence. Le comte de Grignan était alors, en qualité de lieutenant général, chargé de remplir les fonctions de « commandant pour « le Roi audit païs », et voici en quels termes la mar- quise de Sévigné annonçait à sa fille ces nominations : « L'abbé de Pontcarré me mande que le fils de M. Mo- « rant, conseiller d'Etat, est nommé intendant en Pro- « vence. C'est un fort galant homme dont je crois vous « serez content. Ce Morant est le propre neveu de « Mme de Leuville, l'amie de M. Grignan[2]. » Quelques jours après, elle écrivait encore : « Mme de Vins me « mande que M. de Vendôme et M. Morant s'en vont en

---

[1] Lettres de Madame de Sévigné, n° 654, 8 juin 1676, tome III, édition Monmerqué. (Hachette, 1865, in-18.)
[2] N° 859, 6e octobre 1680, tome V, p. 197,

« Provence : voilà qui va fixer les résolutions de M. de
« Grignan, en faisant voir la fin d'une belle et longue
« carrière où il a couru bien noblement et d'une ma-
« nière à devoir être récompensée [1]. » Mme de Sévigné
avait hâte de voir sa fille se rapprocher d'elle et ensemble
se soustraire à « la furie de dépense d'Aix [2] ».

Mais le nouveau gouverneur, M. de Vendôme, qu'elle
représente comme devant arriver en Provence « affamé
« et fort bien intentionné d'écumer ce qui reste d'argent
« dans cette province », où l'on marchandait au comte
de Grignan « cent aunes de damas », n'était pas fort
pressé d'aller prendre possession de son gouvernement
et préférait s'arrêter à Lyon pour chasser avec l'arche-
vêque.

Pendant ce temps, l'intendant Morant se rendait direc-
tement dans sa généralité et, dès le commencement de
décembre, il était désigné comme commissaire du Roy à
l'assemblée générale des communautés de Provence
tenue à Lambesc. En cette qualité, il prononçait, le
5 décembre, un discours qui peint bien l'esprit et les
habitudes de flatterie des courtisans du Grand Roi [3] :

« Messieurs,

« Je ne pouvais rien souhaitter de plus glorieux dans
« l'employe dont Sa Majesté vient de m'honnorer, que
« de commancer comme je fais par la plus belle de ses
« fonctions les services auxquels il m'engage. L'honneur
« que j'ay d'assister à cette auguste assemblée me four-
« nit d'abord une illustre matière dans le témoignage
« que je lui devray de son zèle pour l'exécution des
« ordres du Roy ; car je présume aisément, Messieurs,

---

[1] N° 860, 9° octobre 1680.
[2] N° 868.
[3] Archives des Bouches-du-Rhône, série C, registre 51, f°s 5, 6.

« que vous n'en ferés pas moins paroistre cette année-
« cy que les précédentes et je croirais fere tort à la
« parfaite soumission dont vous avés donné tant de
« marques si pour vous y exciter je pensois qu'il falust
« employer d'autres motifs que l'explication de ses
« volontés.

« La paix dont nous jouissons, plus honorable que la
« plus heureuse guerre, vous est un engagement pres-
« sant de remplir ce devoir auquel toutes les provinces
« s'efforcent de satisfaire ; cette tranquillité publique
« qui fait le bonheur des particuliers ne se peut mainte-
« nir sans les nouveaux secours que Sa Majesté vous
« demande ; elles s'empressent de les accorder, préve-
« nues que le meilleur moyen de servir l'Etat et de le
« conserver est de se conformer en tout aux volontés
« d'un maistre dont le repos glorieux leur prépare tant
« d'avantage. C'est dans ce temps de loisir que nostre
« invincible monarque, aussy juste dans ses entreprises
« qu'impénétrable dans ses desseins, forme ces grands
« et nobles projets dont l'exécution luy devient si
« facile.

« Vous le scavez, Messieurs, tant de nations conjurées
« contre sa gloire n'ont esté que de faibles obstacles
« à sa valeur ; leurs efforts redoublés n'ont servy qu'à
« faire esclater ses triomphes. Je ne prétends point vous
« en retracer les images ; on vous a raconté la prise de
« tant de places, ces villes forcées aussy tost qu'inves-
« ties, deffendues encore plus glorieusement qu'elles
« n'avaient été emportées. Le passage du Rhein, des
« provinces entières réduites sous son obéissance au
« milieu des plus rigoureux hyvers, des armées deffaites,
« d'autres dissipées, et dans cette rapidité de victoires
« la victoire la plus illustre, je veux dire la paix si géné-
« reusement donnée à l'Europe, sans laquelle cette par-
« tie du monde aurait à peine borné son empire.

« Pour célébrer le nom du Roy, il n'est pas nécessaire
« de remonter jusques à ses conquettes, ny de rapeler
« cette paix qui les a si advantageusement asseurées ;
« chasque saison est pour luy une ample moisson de
« gloire ; la vie des héros les plus renommés se ren-
« ferme presque toute dans la beauté de quelques heu-
« reuses journées. Celle de Louis le Grand est égale-
« ment admirable en touts ses endroits ; comme l'esclat
« de ses victoires ne finit point avec la guerre, les
« aplaudissements de la paix ne cessent point par son
« repos ; la seule authorité de son nom luy vaut un
« triomphe perpétuel, toujours victorieux par la crainte
« qui reste à ses ennemis, et toujours paciffique par la
« tranquilité qui dure en ses Estats ; une année de paix
« sous son règne est préfférable à celuy des plus géné-
« reux monarques. Desjà tous les ordres de ce royaume
« n'ont-ils pas gousté les fruits de son aplication au
« bonheur de la France ?

« L'Eglise doit aux soins de sa pietté la destruction
« de l'hérésie ; ces restes languissans d'une secte esta-
« blie sur le vain caprice de la nouveauté et le prétexte
« le plus commun de la révolte sont près d'expirer aux
« pieds de son trosne ; pour estouffer ce monstre, il n'a
« falu que la déclaration de sa volonté et d'une de ses
« paroles. Louis le Grand achève ce que ses prédéces-
« seurs ont tant de fois inutilement tanté.

« Ses derniers édits ont aboly les duels, dont l'aveugle
« fureur désoloit les plus illustres familles ; l'ardeur de
« combattre, si naturelle à la noblesse française, n'avait
« plus de quoy s'exercer contre les ennemis de l'Estat ;
« elle alloit dans le temps de la paix fere revivre les
« funestes déplaisirs de la guerre et répandre le plus
« pur sang que sa rage avoit espargné ; en vain les sages
« ordonnances de nos Roys s'opposoient à ce désordre ;
« en vain le christianisme en deffendoit le criminel

« usage ; le malheureux entestement d'un faux honneur
« l'emportoit sur la religion et sur les loix ; cette victoire
« n'appartenoit qu'au plus grand Roy du monde, l'ar-
« bitre souverain de la véritable valleur.

« Le commerce est restably et les peuples vont retrou-
« ver dans la puissante protection que Sa Majesté luy
« donne l'abondance que la guerre sembloit avoir sus-
« pendue. Heureux les habitants de ceste province,
« dont la scituation leur y procure tant de facilités ;
« heureux, dis-je, s'ils scavent ménager pour l'augmen-
« tation de leurs fortunes tous les advantages qu'il
« apporte ; plus heureux encore de pouvoir en mesme
« temps, par l'aplication qu'ils y donneront, plairre à
« nostre incomparable monarque, l'apuy de la Religion,
« le juste dispensateur de la gloire, le restaurateur des
« loix et le père de ses peuples.

« Que resteroit-il à souhaiter, Messieurs, à la Pro-
« vence pour comble de félicités, que le bonheur de l'y
« posséder un jour et que Sa Majesté, après avoir donné
« des marques de sa bonté royalle à ses nouveaux sujets
« dans la visite de ses conquestes, daignât y venir rece-
« voir les plus purs hommages que vos cœurs luy ont
« consacrés dans tous les temps ?

« Quelle joye doit estre la vostre, Messieurs, dans la
« juste espérance que vous pouvés concevoir d'obtenir
« cet advantage ! Quelles marques de distinction ne
« recevés-vous point de Sa Majesté par le discernement
« qu'elle saura faire de vostre soumission ; les secours
« que vous lui accorderés sont les gages des bienfaits
« que vous en devés attendre.

« C'est pour lors, Monsieur, » (M. le comte de Grignan, lieutenant général et commandant pour le Roi en
Provence), « que cette province se ressentira plus par-
« ticulièrement des bons offices que vous lui rendés
« auprès du Roy. C'est dans ces heureux jours qu'elle

« vous doit regarder comme son protecteur, vous qui
« avés esté le tesmoin de son zèle dans les temps les
« plus difficiles. Quelle riche matière à cette inclination
« bienfaisante qui vous est aussy naturelle qu'elle fait
« le véritable caractère de votre illustre maison !

« Pour moy, Messieurs, je tiendrais à bonheur sin-
« gulier de pouvoir contribuer de ma part aux advan-
« tages de ce pays et j'en ménageray toujours les
« occasions avec tout l'empressement possible. »

L'intendant Morant n'avait pas trop présumé de la
bonne volonté des communautés au sujet des subsides
réclamés par le Roi. Sur sa demande, l'assemblée décida
en cette session d'accorder au Roi un don de six cent
mille livres [1].

Thomas-Alexandre Morant devait remplir chaque
année ces mêmes fonctions de commissaire du Roi aux
assemblées des communautés de Provence. Il y eut à
traiter des questions fort importantes pour les finances
de la province et il semble avoir eu une réelle influence
sur les décisions prises par les communautés qui lui
accordaient généralement les subsides réclamés par lui.
C'est ainsi qu'en 1683 il obtint, outre un don gratuit
de 700,000 livres pour le Roi, le vote d'une somme de
60,000 livres pour les dépenses à faire au port d'Antibes
et, en 1685, une contribution de 60,000 livres également
pour l'établissement de l'arsenal des galères à Marseille [2].

A plusieurs reprises, il fut chargé de remplir les
fonctions de commandant pour le Roi, en l'absence du
duc de Vendôme, gouverneur de la province, et du

---

[1] Archivers des Bouches-du-Rhône, série C, registre 51, fos 11,
14.

[2] Idem, fos 177 et 309.

comte de Grignan, lieutenant général. C'est ainsi qu'il reçut à cet effet des commissions par lettres-patentes en date des 30 décembre 1680, 24 novembre 1681, 2 décembre 1682, 13 décembre 1684 et 19 novembre 1686, dans lesquelles il est qualifié de « messire Thomas-« Alexandre Morant, seigneur des Aulles et Bonfossé, « conseiller du Roi en ses Conseils, maître des requêtes « ordinaire de son hôtel, intendant de justice, police et « finances en Provence [1] ».

Il fit, en vertu d'une commission spéciale de 1682, dresser le premier inventaire des archives du Roi.

Son activité était extrême et les archives des Bouches-du-Rhône possèdent une collection, qui ne compte pas moins de quinze registres, d'ordonnances rendues par lui sur diverses matières, de 1680 à 1687, date à laquelle il fut remplacé par l'intendant Lebret [2].

Une de ces ordonnances, rendue, en décembre 1682, à l'effet d'obliger les nobles ou roturiers prétendant posséder en Provence des biens en franc-alleu, à faire une déclaration des dits biens, devait donner lieu à de vives réclamations : les procureurs du pays de Provence, réunis à Aix en assemblée particulière, envoyèrent le 3 avril 1683 une députation à Marseille auprès de l'intendant pour lui exprimer leurs craintes et le supplier de maintenir les droits et usages de la province. Cette réclamation devait rester sans résultat [3].

---

[1] Archives des Bouches-du-Rhône : B. Cour des comptes, n° 110, registre Miscellanea, 2e partie, fos 65, 160 ; registre Legras, fos 116, 260.

[2] *Idem*. Série C. Intendance de Provence.

[3] Une commission fut chargée de trancher la question. Par un jugement rendu contradictoirement entre les États de Provence et le Procureur du roi de la commission, le 5 août 1687, il fut décidé que le Roi avait la *directe* universelle ou droit de mouvance et seigneurie dans toutes les villes et lieux des communautés de Provence. En conséquence, les possesseurs de ces fonds et héri-

C'est pendant que M. Morant était intendant en Provence qu'eut lieu le siège et le bombardement de Gênes.

En 1687, il fut nommé premier Président du Parlement de Toulouse. Les lettres de provisions, datées du 1er mai, relatent à la fois ses services antérieurs et les fonctions remplies par son aïeul et son bisaïeul. A ce titre, nous croyons devoir reproduire un extrait de ces lettres, qui figurent dans les archives de la Haute-Garonne aux registres des Edits (t. 26, f° 48) :

« Louis, par la grâce de Dieu, Roy de France et de
« Navarre...

« L'estat, office et charge de premier présidant en
« notre cour de Parlement de Tholose estant demurée
« vacante par le décès du sieur Gaspard de Fieubet que
« nous en avions pourveu en 1653, nous avons jetté les
« yeux sur divers personnes qui ont les qualités requises
« pour ramplir cette place très importante au bien de
« notre service et de la justice et nous nous sommes ar-
« restés à celle de nostre amé et féal le sieur Thomas-
« Alexandre Morant qui s'est acquis beaucoup de capa-
« cité et d'expérience dans les charges qu'il a exercées
« de conseiller en nostre cour de Parlement de Paris et
« de maître des requestes dont il est encore revestu ;
« ce qui nous ayant obligé de lui confier l'intendance de
« nostre province de Bourbonnais et ensuite celle de
« Provance et de le commettre mesme pour commander
« dans le dit pays, en l'absance du gouverneur et de
« nostre lieutenant général, il nous a donné dans tous
« ces emplois de si fortes preuves de sa fidélité, de son
« affection et de sa bonne conduite, à l'exemple de son

tages furent condamnés à passer déclaration au terrier de Sa Majesté et à payer les cens, redevances, lods et ventes. (Denisart, v° Franc-Alleu, 19.)

« bisayeul dans la charge de thrésorier de nostre épargne,
« de son ayeul dans la même charge et dans celle de
« thrésorier de nos ordres et de son père dans celle de
« maître des requestes et d'intendant dans plusieurs de
« nos provinces, que nous sommes persuadés que ledit
« sieur Morant continuera ses services avec le même
« attachement, dans la dite charge de premier président,
« oultre que nous sommes bien aise de recognoistre
« tous ceux qu'il nous a randus jusques à présent, en
« lui donnant une marque considérable de la satisfaction
« qui nous en demeure ;

« Scavoir faisons que Nous, pour ces causes et autres
« à ce nous mouvans et à plein confiant en ses sens,
« suffisance, probité, intégrité, bonne vie, mœurs,
« relligion catholique, apostolique et romaine, ensemble
« de son zèle, fidélité et affection à nostre dit service et
« au bien, repos et soulagement du public, avons à
« icellui sr *Thomas-Alexandre Morant* donné et octroyé,
« donnons et octroyons par ces présantes, signées de
« nostre main, ledit estat, charge et office de conseiller
« et premier présidant en nostre ditte cour de Parle-
« ment de Tholose...

« Donné à Versailles le 1er jour de may, l'an de
« grâce 1687 et de notre règne le 44°. Louis, signé, et
« sur le repli, par le Roy : *Phelippeaux*, signé. »

Thomas-Alexandre prêta serment de fidélité entre les
mains du Roi, à Versailles, le 8° du mois de may 1687.

L'enregistrement des provisions ci-dessus et la réception du nouveau premier président eurent lieu le
16 juillet suivant.

Voici en quels termes intéressants le *Mercure Galant*
raconte l'entrée à Toulouse de M. le premier président
Morant (août 1687, p. 249) :

« Le choix que le Roy a fait de la personne de M. Mo-

rant pour remplir la place de premier président du Parlement de Toulouse, a donné une si digne prévention
pour le mérite de ce digne magistrat, que tous les Ordres
de la ville l'ayant attendu avec impatience, ont fait con-
naître à son arrivée que la joye de le recevoir était aussi
grande que sincère. Les bourgeois prirent les armes au
nombre de quatre mille hommes, par l'ordre des Capitouls, sous le commandement de M. de Paques-la-
Casagnère, l'un d'entre-eux, et marchèrent le treize de
juillet en fort bon ordre, avec leurs équipages portez
sur des chariots et par des mulets, hors de la porte du
Chasteau-Narbonnois. Ils y formèrent un camp à portée
du canon de la ville, et sous les tentes que l'on y dressa
se trouvèrent toutes sortes de rafraîchissemens, avec
autant de délicatesse que d'abondance. L'affluence des
peuples fut si grande que M. Morant, pour leur donner
le loisir de défiler, fut obligé de s'arrêter à l'entrée du
Gardiage, dans la maison de M. Mariotte, secrétaire des
Etats de Languedoc, qui le régala magnifiquement à
dîner, ainsi que toute la noblesse dont il vint accompagné. Sur les six heures du soir, il arriva à la porte du
Chasteau-Narbonnois, ayant toujours marché avec un
cortège de près de deux cens carosses de personnes
qualifiées de la ville, qui estaient allées au devant de
luy, et au milieu d'une double haye de soldats. Les Capitouls, revestus de leurs robes rouges, le complimentèrent
de nouveau à l'entrée de cette porte, après quoy ils
montèrent dans son carosse qui fut précédé dans la
marche par la compagnie du Prevost des Marchands,
par celle du Guet, et par les trompettes et les hautbois
de la ville, au milieu d'une foule incroyable de personnes
de toutes sortes de conditions, jusqu'à la maison de
M. Mariotte, au quartier de Saint-Estienne, qui avait
esté destinée pour son logement, comme une des plus
propres et des plus commodes de la ville.

« Cette journée se termina par un feu d'artifice et une
illumination de toute cette maison et du jardin ; et après
que M. Morant eut receu pendant les deux jours suivans
les complimens de tous les Ordres et de toutes les Communautés ecclésiastiques de la ville, tant séculières que
régulières, le Parlement le mit en possession de la
charge de premier président, où il se fit admirer par sa
bonne grâce, par ses manières engageantes et honnestes,
et par l'éloquence du discours qu'il prononça. »

Dans son consciencieux ouvrage sur « *les Premiers*
« *Présidents du Parlement de Toulouse* », M. Amilhau,
tout en représentant le président de Morant comme « un
« homme de grand mérite, un cœur droit, un esprit
« sérieux et méditatif », raconte qu'il fut reçu par ses
collègues avec froideur. « Le Parlement, dit-il, accueillit
« cette nomination avec déplaisir. Il savait que M. de
« Morant était jusque-là resté étranger à la science du
« droit, aussi bien qu'à la magistrature, et ce ne fut pas
« sans émotion et sans un certain mécontentement qu'il
« vit conférer la première place à un administrateur,
« distingué sans doute, mais sans passé judiciaire, et
« qui semblait n'avoir d'autre titre que la faveur royale
« à occuper cette dignité suprême, qui était ordinaire-
« ment la récompense d'un mérite éprouvé joint à l'an-
« cienneté des services. » L'auteur ajoute, il est vrai,
que si le nouveau premier président était peu versé dans
la science du droit, il était, sauf cela, un homme vérita-
blement distingué, « qu'il résolut de combler une lacune
« dont il mesurait la gravité et l'importance ; qu'il se
« livra à un travail ardu et opiniâtre, s'entourant de tout
« ce que Toulouse possédait de docteurs distingués et
« de jurisconsultes émérites ; qu'il ne tarda pas à faire
« cesser son infériorité juridique et qu'enfin le Parle-
« ment, témoin des incessants efforts de son chef, revint
« de ses préventions premières et lui accorda sa con-

« fiance et son estime. » Les critiques que l'auteur
adresse au nouveau premier président sur son ignorance
de la science du droit et sur son absence de passé judiciaire sont-elles bien fondées? Nous ne le pensons pas.
Il suffit de se reporter aux termes si élogieux des lettres
patentes de 1687 pour pouvoir affirmer que Thomas-
Alexandre avait, au contraire, un brillant passé judiciaire qui justifiait sa nomination, et des connaissances
juridiques qui, jointes à son intelligence, à son amour
du travail, à son expérience des affaires, lui permirent
de remplir dignement les fonctions de chef du Parlement
de Toulouse.

Il ne les cessa qu'en 1710, « usé par le travail et les
« fatigues de l'audience », et vainement ses collègues
voulurent-ils l'empêcher de donner sa démission. « Le
« Roi lui-même, qui l'estimait tout particulièrement »,
nous dit M. Amilhau, « échoua devant cette inébranlable
« résolution. »

Comme chef du Parlement, il avait toujours eu à
cœur de défendre, même contre l'autorité royale, les
prérogatives de sa compagnie. C'est ainsi qu'il fit tous ses
efforts pour empêcher, en 1702, qu'on enlevât au Parlement le jugement des causes domaniales pour le donner
à la cour des Aydes. Mais ses protestations énergiques
furent inutiles.

Les annales de Toulouse ont conservé le souvenir des
services rendus par le président du Parlement pendant
le grand hiver de 1709, qui fit tant de victimes. Il sut,
avec les Capitouls, organiser la distribution des secours
aux pauvres et aux malades. Puis, comme le Roi deman-
dait de nouveaux subsides et envoyait des agents pour
lever de nouvelles contributions, il fut assez heureux
pour obtenir, en parlant au nom du Parlement, la remise
de ces impôts en faveur d'une population accablée de
misère et décimée par la disette et les maladies.

Nous trouvons dans l'ouvrage de M. Amilhau un
curieux document qui peint les mœurs de cette époque.
En 1704, un édit royal avait créé dans chaque Parlement
un *office de buvetier*, office héréditaire donnant droit à des
gages fixes et accompagné de certains privilèges. L'adjudication eut lieu en 1707 et un arrêt du Conseil du Roi
adjugea l'office, moyennant 7,300 livres, à... « M. de
« Morant, premier président au Parlement de Tou-
« louse ! »

Nous empruntons également au même auteur d'intéressants détails sur les travaux littéraires auxquels M. de
Morant trouvait le temps de se consacrer, sans négliger
ses études juridiques.

A son arrivée à Toulouse, il avait pu constater que le
Collège du *Gai-Savoir*, l'antique institution des *Jeux Floraux*, menaçait de disparaître, à moins de promptes et
importantes modifications. La *Fête des Fleurs*, qui existait depuis plus de trois cents ans [1], avait perdu beaucoup de son importance, sinon au point de vue de l'appa-
rat des réjouissances qui accompagnaient cette fête, du
moins au point de vue de l'éclat du concours dans lequel
les poètes se disputaient « la violette, l'églantine, l'ama-
« rante et l'œillet ». Les prix n'étaient plus recherchés
que par des écoliers dont les ouvrages étaient sans valeur
littéraire. Les places de mainteneurs (on appelait ainsi,
dès lors, les membres de la société), au nombre de
sept, en mémoire des sept poètes de Toulouse, n'étaient

---

[1] L'Académie des Jeux Floraux remonte au commencement du
XIVᵉ siècle. C'est en 1323 qu'apparaît la coutume de décerner une
fleur, une violette d'or, au lauréat d'un concours de poésie établi
par l'Académie naissante. Arnaud Vidal, de Castelnaudary, obtint
le premier ce prix pour un poème en l'honneur de la Vierge. Plus
tard, Clémence Isaure fit en faveur de cette Académie de larges
libéralités et lui légua, en 1502, des sommes assez considérables
pour assurer alors la distribution des prix annuels.

plus données à l'élection, c'est-à-dire au mérite : elles étaient devenues héréditaires! Enfin le Collège n'avait aucuns revenus certains et souvent des difficultés se produisaient avec les Capitouls pour subvenir aux frais de la « Fête des Fleurs ».

M. de Morant, aidé de l'académicien Simon de la Lou-bère[1], du chancelier Boucherat et du président à mortier de Manibau, obtint de Louis XIV la reconstitution et la réorganisation de l'antique « Collège du Gai-Savoir » sous le nom d'*Académie des Jeux Floraux* (Lettres patentes de septembre 1694). Le nombre des membres ou main-teneurs fut porté de sept à trente-cinq. Si le Roi, pour la première fois, les désignait, leurs remplaçants devaient être nommés à l'élection, principe qui s'est conservé jusqu'à nos jours. La ville devait à perpétuité fournir un local pour les réunions et une subvention de 1,400 livres pour les dépenses et le paiement des fleurs dont le nombre était porté à cinq : l'amarante d'or, prix de l'ode, la violette, l'églantine, le souci et l'œillet d'ar-gent[2].

Les statuts précisaient avec soin les genres poétiques admis au concours : ode, élégie, églogue, fable, idylle. Une des fleurs, l'églantine, était réservée à la prose « afin « d'exciter l'étude de l'éloquence. » Enfin, un article des statuts prescrivait que, chaque année, pendant que les mainteneurs iraient chercher les fleurs déposées sur le maître-autel de Notre-Dame de la Daurade, « l'éloge de « dame Clémence serait fait en peu de mots par un des « mainteneurs ou maîtres. »

C'est donc au président de Morant, à ses efforts et à ceux de ses amis, qu'est due la réorganisation des Jeux

---

[1] Auteur d'un *Traité sur l'origine des Jeux Floraux*.
[2] Article 3 des statuts accompagnant les lettres-patentes de sep-tembre 1694.

Floraux. M. de Morant fut un des mainteneurs nommés
par le Roi qui confia au Parlement le soin de conserver
intacte l'organisation nouvelle de l'Académie.

Thomas-Alexandre de Morant avait épousé Françoise-
Jacques, fille du seigneur de Vitry, greffier en chef du
Parlement de Paris, et de Catherine de Mony. Elle
mourut en juillet 1706, à Paris (paroisse de Saint-Paul).
Son inhumation eut lieu, suivant ses dernières inten-
tions, en la paroisse Saint-Louis, où elle était née.
« Son convoy fut honoré d'un grand nombre de per-
« sonnes de distinction », dit le *Mercure* qui lui consacra
un article nécrologique élogieux (août 1706, p. 154).

De ce mariage naquit une fille, Françoise (30 avril
1684), décédée en bas âge et inhumée aux Frères prêcheurs de Toulouse.

Thomas-Alexandre de Morant, après avoir donné sa
démission, se retira à Paris et y mourut dans son hôtel
de la rue Saint-André-des-Arts, le 8 juillet 1713, sans
laisser d'héritier.

Le titre de marquis de Morant passa à son frère, Thomas-Guy Morant, comte de Penzès.

§ 3

Thomas-Guy, comte de Penzès, marquis de Morant.

Le second fils de Thomas, IIIe du nom, *Thomas-Guy,* chevalier, comte de Penzès, issu de son mariage avec Louise Le Meneust de Bréquigny (15 avril 1672), fut, dit La Chesnaye, d'abord mousquetaire du Roi, puis lieutenant-colonel du régiment de Lassai ou Lucé avec brevet de colonel.

Il épousa, en 1704, Marie-Joseph Le Roux de Kerninon, fille de Jean Le Roux, chevalier, seigneur comte de Kerninon et de Charlotte de Lesparler (contrat de mariage du 24 mai 1704, reçu à Runfaon, par Hervé, notaire ; Archives nationales, section historique M-477).

Thomas-Guy, marquis de Morant après le décès de son frère, habitait en dernier lieu le château de Bréquigny. Il en avait hérité de ses oncle et tante Charles-Marie Le Meneust, président au Parlement de Bretagne et Isabelle de Rollée, qui y étaient décédés en 1721. Il y est mort le 3 juillet 1722 et fut inhumé le 5 à Saint-Germain de Rennes dans l'enfeu des Le Meneust.

Le château de Bréquigny, situé près de Rennes, et dépendant de la paroisse Saint-Etienne, était l'ancien manoir du sénéchal Guy Le Meneust qui conserva la ville de Rennes à Henri IV. Il fut reconstruit au xviiie siècle. La terre de Bréquigny, très considérable, était une dépendance de la baronnie de Fontenay. La seigneurie comprenait une partie de la ville de Rennes. Ce domaine fut aliéné à l'époque de la Révolution.

§ 4

Charles-Thomas-Marie, comte de Penzès, marquis de Morant.

Le fils de Thomas-Guy, *Charles-Thomas-Marie,* chevalier, marquis de Morant, comte de Penzès et de Bréquigny, baron de Fontenay, né le 27 janvier 1706, épousa
à Saint-Michel de Saint-Brieuc, le 14 novembre 1726,
Gabrielle-Félicité de la Rivière, fille de haut et puissant
Charles-Yves-Jacques, comte de la Rivière et de Plœuc,
gouverneur de Saint-Brieuc, tours et fort de Cesson, et
de dame Marie-Françoise-Céleste Le Voyer de Paulmy
d'Argenson.

Le contrat de mariage (reçu le 12 novembre à Saint-
Brieuc, par Leguichet et Quintin — Archives nationales,
M-477), qualifie le futur de marquis de Morant et de
Bréquigny et la future de demoiselle de Ciran.

La cérémonie du mariage eut lieu pendant une réu-
nion des Etats de Bretagne et fut très brillante. L'acte
porte les signatures : de Noailles, maréchale duchesse
d'Estrée, maréchal duc d'Estrée, Paul-François, duc de
Béthune.

En 1731, Charles-Thomas-Marie de Morant devint
conseiller au Parlement de Bretagne. Pourvu de cet
office par lettres du Roy en date du 15 mars, reçu au
Parlement le 24 novembre suivant, il était encore en
fonctions lors de sa mort en 1750.

Décédé en son château de Bréquigny, le 12 juillet, il

fut, comme son père, inhumé à Saint-Germain de Rennes. Son office fut supprimé après lui par lettres-patentes d'avril 1754, sans remboursement de la finance, mais avec jouissance des gages attachés à cet office réservé à son fils unique pendant sa vie.

Le nom de Morant figure dans la « liste générale de « nos seigneurs du Parlement de Bretagne, depuis son « érection en 1554, jusqu'en 1754, imprimée par ordre « du Parlement à Rennes, chez Guillaume-François « Vatar, à la Palme d'or, MDCCLIV. » (*Bretagne moderne,* par Pitre-Chevalier.)

§ 5

Thomas-Charles, marquis de Morant

Thomas-Charles, fils unique de Charles-Thomas-Marie, seigneur de Penzès, baron de Fontenay, châtelain de Bréquigny, naquit en 1727 et fut baptisé à Saint-Michel de Saint-Brieuc (24 juillet — 12 août).

Mousquetaire du Roi à dix-sept ans, il fut nommé, le 2 janvier 1748, mestre de camp des dragons de la Reine ; chevalier de Saint-Louis en 1757, il devint en 1760 brigadier des armées du Roi, et en 1762 maréchal de ses camps.

Les Etats de Bretagne l'avaient choisi comme député pour aller complimenter Louis XV après la grave maladie dont il avait été atteint.

Il s'était marié en 1752, avec demoiselle Anne-Françoise de la Bonde d'Hyberville. Le *Mercure de France* de septembre 1752, mentionne ainsi ce mariage : « Le « 25 mai, messire Thomas-Charles de Morant, colonel « des dragons de la Reine, épousa Anne-Françoise de « la Bonde d'Hyberville et leur contrat avait été honoré, « le 8, de la signature du Roi, de la Reine et de la « famille royale. La célébration du mariage se fit près « Rouen, chez le président de la Londe, oncle de la « mariée [1]. »

---

[1] L'article du *Mercure*, très long, donne de nombreux détails sur les ancêtres du marié en reproduisant la généalogie depuis « Thomas de Morant, chevalier, seigneur du Mesnil-Garnier, « d'Elerville et de Rupierre, mort conseiller d'État en 1621. »

Anne-Françoise de la Bonde d'Hyberville, dame et patronne de Biéville, née le 13 octobre 1726, était l'héritière de la branche des Morant de Rupierre par suite du décès (1750) de son père, Charles-François, chevalier, seigneur et baron de Rupierre, président de la Chambre des comptes de Normandie. Sa grand'mère, Antoinette de Morant, épouse de messire de la Bonde, vicomte de Thorigny, était elle-même petite-fille de Gaspard de Morant, chevalier, seigneur et baron de Rupierre et Biéville, conseiller du Roi, trésorier des Ponts, et frère de Thomas Morant, II° du nom.

Par cette union, le château de Rupierre (sis commune de Biéville-en-Auge, élection de Lisieux), apanage de la branche de ce nom au xvii° siècle, passa aux mains du marquis du Mesnil-Garnier.

De ce mariage naquirent quatre enfants :

i. *Charles-Thomas-Marie-Thibaut*, né en 1754, décédé en bas âge et inhumé à Saint-Germain.

ii. *Thomas-Marie-Louis-Geneviève* (voir plus loin).

iii. *Marie-Françoise-Félicité*, née à Rupierre, le 6 mai 1753. Son parrain fut le marquis de la Londe, son grand-oncle maternel, président à mortier au Parlement de Rouen, et sa marraine, la marquise de Morant, son aïeule. Elle épousa (5 novembre 1772) Esprit-Robert-Marie Le Roux, chevalier, baron d'Esneval, marquis de Grémonville. sire de Pavilly, vidame de Normandie, conseiller du Roi en ses conseils, président à mortier au Parlement de Rouen. Ce dernier appartenait à une ancienne et bonne famille de la noblesse normande : né le 24 mai 1747, il était fils de Pierre-Robert Le Roux, chevalier, baron d'Acquigny, président à mortier audit Parlement, et de Françoise-Catherine Clérel de Rampère, baronne de Boisnormand, dame de Saint-Côme. La dernière descendante de cette branche est une demoiselle Zénaïde Le Roux d'Esneval, mariée, en 1825, à M. Paul-Emile du Val, comte du Manoir.

iv. *Marie-Charlotte-Joseph*, née à Bréquigny, baptisée à Saint-Etienne, le 2 novembre 1759, qui épousa, à Saint-Sauveur de Rennes (3 août 1775) messire Armand Mériadec Le Gonidec, comte de Traissan, conseiller au Parlement de Bretagne (1777). Mme Le Gonidec de Traissan est morte en émigration à Walcot, comté de Bath (Angleterre), le 23 avril 1794. Son mari est décédé à Vitré, le 20 juillet 1814. Sa postérité est représentée par le comte Le Gonidec de Traissan, ancien député d'Ille-et-Vilaine et par la marquise du Plessis-d'Argentré.

Thomas-Charles, marquis de Morant, était décédé à son château de Bréquigny, le 13 octobre 1763. Le *Mercure de France* (décembre) annonce sa mort en ces termes :

« Messire Thomas-Charles, marquis de Morant, comte « de Penzès, baron de Fontenay et de Rupierre, sei- « gneur châtelain de Bréquigny, chevalier de l'Ordre « royal et militaire de Saint-Louis, maréchal du camp « et armées du Roi, député au Roi en 1757 par la « noblesse de Bretagne, assemblée aux Etats, mourut « le 18 octobre dernier en son château de Bréquigny, « âgé de 36 ans et 2 mois. »

Il fut inhumé dans la chapelle seigneuriale de l'église de Saint-Germain de Rennes.

Sa veuve, Anne-Françoise de la Bonde d'Hyberville, décéda, en 1767, au château de Rupierre et fut inhumée dans l'église de Biéville-en-Auge.

Dans le chœur, côté de l'Evangile, on lit l'inscription suivante sur une table de marbre noir portant un blason :

« Cy-gît
« Très haute et très puissante

« Dame, Madame Anne-Françoise
« de la Bonde-d'Hyberville
« décédée à son château de
« Rupierre , le 20 octobre
« MDCCLXVII
« veuve de très haut et très
« puissant seigneur messire
« Thomas-Charles comte
« de Morant
« Maréchal des camps et armées
« du Roy, mort à son château
« de Bréquigny près Rennes
« le 20 octobre MDCCLXIII.
« Vertueuse, sensible et charitable
« elle fut le bonheur et l'exemple de tous ceux
« qui vécurent avec elle,
« faisant jouir son époux des fruits d'une sagesse
« dont les leçons instruisaient ses enfants [1].

Rupierre était un très beau château qui fut démoli un peu avant la Révolution et dont il ne subsiste plus que quelques dépendances. Les plans anciens, croyons-nous, sont conservés par M. le comte Le Gonidec de Traissan. Le domaine est aujourd'hui aux mains de la famille du Plessis-d'Argentré.

[1] De Caumont, *Statistique monumentale du Calvados*, v. 424.

§ 6

Thomas-Marie-Louis-Geneviève, marquis de Morant

Thomas-Marie-Louis-Geneviève, chevalier, marquis de Morant, comte de Penzès, baron de Fontenay, seigneur et patron de Rupierre, fils de Thomas-Charles et d'Anne-Françoise de la Bonde d'Hyberville, était né au château de Bréquigny le 30 juillet 1751 et avait été baptisé en l'église de Saint-Etienne de Rennes.

En 1775, il était officier au régiment de dragons de la Reine dont son père était colonel.

« Le 14 mai 1781 fut célébré en l'église Saint-Sul-
« pice, à Paris, le mariage de très haut et très puissant
« seigneur, le marquis de Morant, capitaine de cava-
« lerie au régiment royal-étranger, avec demoiselle
« Thérèse-Hippolyte-Hélène Sanguin, fille de François-
« Hippolyte, marquis de Livry, et de Thérèse-Bonne
« Gillain de Bénouville. »

(Mᴵˡᵉ Sanguin de Livry avait une sœur qui épousa, en 1787, le comte de Polignac.)

La marquise de Morant fut présentée à la cour, le 17 juin 1781, par la comtesse de Lusignan.

M. de Magny, dans son *Nobiliaire de la Normandie* (Rouen 1862), fait figurer le marquis de Morant sur la liste des gentilshommes ayant fait leurs preuves pour monter dans les carrosses du Roi.

Le nom du marquis de Morant figure également au procès-verbal de l'Assemblée de l'ordre de la noblesse, tenue en l'église de Saint-Etienne de Caen. On le trouve aussi pour les baillages de Falaise et de Vire, représenté par le chevalier d'Héricy et M. de Nantier.

Thomas-Marie-Louis-Geneviève, mourut à Paris, le 10 avril 1832, sans laisser de postérité. Il était le dernier représentant mâle de la branche aînée des marquis de Morant du Mesnil-Garnier. A la même époque, il n'existait plus, comme nous le verrons, d'héritiers mâles de la branche puînée des de Morant, barons de Courseulles et d'Eterville, et le titre de marquis échut au chef de la branche cadette des barons de Coulonces, seule représentée aujourd'hui.

III

BRANCHE PUINÉE. — BARONS DE COURSEULLES
ET D'ÉTERVILLE

Nous avons vu que de son second mariage avec
Françoise de Vieuxpont, Thomas Morant, II° du nom,
avait eu plusieurs enfants dont l'aîné, Nicolas - Claude,
fut la tige des barons de Courseulles.

1°

Nicolas-Claude de Morant, baron de Courseulles

Nicolas-Claude de Morant, écuyer, baron de Courseulles, seigneur d'Eterville et autres lieux, était né
en 1625.

Grand prévôt général de la Normandie, il résidait au
château de Courseulles, près Caen, acheté par son père,
en 1630.

La baronnie de Courseulles, qui dépendait de la sergenterie de Bernières et de l'élection de Caen, remonte

au xiii° siècle. Saint Louis donna, en 1255, cette terre à Raoul de Neullent.

Confisquée par les Anglais au commencement du xv° siècle et donnée, avec la baronnie de Creully, à un chevalier anglais, 24 mai 1418, puis rendue à Thomas de Neullent, elle devint, par héritage, successivement la propriété des Piré de Rosnivinen et des Marcillac.

A la fin du xvi° siècle, la duchesse de Joyeuse était baronne de Courseulles.

En 1630, Thomas Morant, II° du nom, acquit cette terre et fit bâtir le château actuel.

Ce château situé à un kilomètre de la mer, était flanqué de hautes tours qui ont disparu lors de la Révolution. Mais il en reste une masse imposante, entourée de beaux arbres, qui domine les herbages environnants, avec une superbe vue sur la mer et les côtes du Havre.

La baronnie de Courseulles passa, en 1651, aux mains de la fille de Thomas Morant, Anne, épouse de Louis-Olivier, marquis de Leuville.

A la mort de celle-ci, 1698, bien qu'elle fût décédée sans postérité, cette terre resta aux mains des de Leuville. En 1703, en était seigneur Louis-Thomas-Olivier de Fiennes, marquis de Leuville, grand bailli de Touraine.

En 1711, elle devint la propriété de Joseph de Valhébert de Bellemare qui l'avait échangée contre la baronnie de Coulonces près Vire. Depuis lors la baronnie de Courseulles fut une partie intégrante du marquisat de Bellemare.

Nicolas-Claude de Morant épousa en l'église de Courseulles-sur-Mer, le 18 janvier 1655, Marie-Charlotte de Hacqueville, fille d'honneur de la *Reyne du dehors*.

On désignait sous ce nom Henriette-Marie de France, sœur de Louis XIII, reine d'Angleterre ; forcée de quitter son royaume après le révolution qui coûta la vie à son malheureux époux, Charles Ier, elle était venue se fixer à Paris et on l'appelait ainsi pour la distinguer de la reine Anne d'Autriche.

Le contrat de mariage avait été passé, le 21 septembre 1654, par-devant « Nicolas Boindin et Pierre « Muret, notaires et gardes-nottes du Roy et du Chas- « telet de Paris ». La Reine Anne d'Autriche daigna donner à cet acte la solennité de sa présence et y apposa sa signature. Il nous a paru intéressant de publier des extraits de ce contrat en raison des personnages qui y sont dénommés :

« Furent présents : Hault et puissant seigneur, mes- « sire Nicolas-Claude de Morant, chevalier, seigneur et « baron de Courseulles et d'Etervile, grand prévôt « général de toute la Normandie.....

« fils de deffunt hault et puissant seigneur messire « Thomas de Morant, aussy chevalier, seigneur et « baron du Mesnil-Garnier, Courseulles et d'Eterville, « conseiller du Roy en ses conseils d'Estat et privé, « trésorier de son espargne et grand trésorier de ses « ordres,

« et de haulte et puissante dame, dame Françoise de « Vieupont, jadis son espouse, à présent sa veufve, « pour luy et en son nom d'une part ;

« et dame Marie Buecaulle, veufve de messire Benoist « d'Hacqueville, en son vivant chevalier, seigneur de « Garges et de Daumont, capitaine d'une compagnie de « chevaux-légers entretenue pour le service de Sa « Majesté, demeurant à Saint-Germain-des-Prés, rue du « Four, paroisse Saint-Sulpice, au nom et comme mère « et tutrice, et stipullant en ceste partie pour damoiselle « *Marie-Charlotte de Hacqueville*, fille seule et unicque « héritière du dict deffunt et d'elle, la dicte demoiselle, « fille d'honneur de la Reyne du dehors, demeurant

« avec la dicte dame sa mère, à ce présente et de son
« consentement pour elle et en son nom d'aultre
« part[1].

« Les quelles parties de leur bon gré et volonté, en
« la présence, par l'advis et consentement de très
« haulte, très puissante et très excellente princesse
« Anne, par la grâce de Dieu Reyne de France et de
« Navare, mère du Roy, pour ce présente.

« Et aussi par l'advis et consentement de leurs pa-
« rents et amys ci-après nommez, scavoir de la part
« du dict seigneur futur espoux,

« de hault et puissant seigneur messire Henry de
« Vieupont, son oncle, chevalier, baron de Vieupont,
« seigneur de Sainctine et Saincte-Vaubourg et aultres
« lieux..... au nom et comme procureur de la dicte
« dame Françoise de Vieupont, sa sœur (mère dudit
« seigneur futur espoux), d'elle fondé de procuration
« passée par devant Allain Robert et Thomas Maheust,
« tabellions royaux de la sergenterie de Gray[2], le pre-
« mier jour du présent mois de septembre..... et encore
« iceluy seigneur baron de Vieupont en la dite qualité
« d'oncle maternel du dict seigneur futur espoux ;

[1] Armes des Hacqueville : *d'argent au chevron de sable chargé de cinq aiglons d'or, accompagné de 3 têtes de paon d'azur posées 2 en chef et 1 en pointe de l'écu.*

Armes des Buecaulle : *de gueules chargé de trois pals d'or et au chef d'or.*

Un Jér. de Hacqueville, mort en 1628, a été premier président du Parlement de Paris.

D'Hozier (I, 1°) mentionne Charles-François de Hacqueville, écuyer, seigneur de Jamor, maintenu en noblesse par ordonnance de Phelypeaux en 1699, fils de Luc, seigneur de Garges et d'Aumont, homme d'armes de la garde écossaise du Roi, dont plusieurs ancêtres furent conseillers du Roi, correcteurs en sa chambre des comptes, maîtres ordinaires de ladite chambre (1492-1544).

[2] Normandie.

« de hault et puissant seigneur messire Louis-Olivier
« de Leuville, chevalier, marquis du dict Leuville,
« comte de la Rivière, seigneur de Ver et aultres lieux,
« beau-frère à cause de haulte dame, dame Anne Mo-
« rant [1] son espouze ;

« de haulte et puissante dame, dame Marie-Cathe-
« rine de la Rochefoucault, marquise de Senecey,
« comtesse de Randan, baronne de Luguet et aultres
« lieux, dame d'honneur de la dicte dame Reyne, mère
« du Roy, veufve de hault et puissant seigneur mes-
« sire Henry de Bauffremon, chevalier des ordres du
« Roy, conseiller en ses conseils, gouverneur de la
« ville et citadelle d'Auxonne, ville de Mascon et païs
« Masconnais et lieutenant-général pour Sa Majesté au
« duché de Bourgongne, marquis du dict Senecey et
« aultres lieux, qui estait grand oncle maternel du dict
« seigneur futur espoux [2] ;

« Illustre et puissant seigneur, messire François de
« l'Hospital, aussy chevalier des ordres du Roy, con-
« seiller en tous ses conseils, mareschal de France [3],
« gouverneur de la ville, prévosté et vicomté de Paris,
« et seul lieutenant-général pour Sa Majesté en Cham-
« pagne et Brie, comte de Rosnay et aultres lieux,
« cousin maternel [4] d'icelluy seigneur futur espoux ;

« et de la part de la dicte damoiselle futur espouze, de
« messire Charles de Bauquemare, chevalier, seigneur de
« Bordeny, Ozambray et de la Morlaye, conseiller du

---

[1] Issue du premier mariage de Thomas Morant avec Jeanne
Cauchon de Trelon.

[2] En effet la sœur de Henri de Beaufremont, Catherine, avait
épousé Jean de Vieuxpont, grand-père du futur (voir plus haut,
p. 30).

[3] François de l'Hospital servait en 1643 sous les ordres du duc
d'Enghien et se distingua à la bataille de Rocroy ; nommé ensuite
maréchal de France, il mourut en 1660.

[4] Parenté du côté des Vieuxpont et Brichanteau-Nangis.

« Roy en ses conseils et en sa cour de parlement et
« premier président de la seconde chambre des re-
« questes du palais, cousin germain paternel ;

« Hault et puissant seigneur, messire Charles Martel,
« aussi chevalier, comte de Clerc, conseiller du Roy en
« ses dits conseils, cousin issu de germain paternel, à
« cause de haulte et puissante dame, dame Anne de
« Bauquemare, son espouze ;

« Messire André de Broc, chevalier, seigneur de la
« Guette et aultres lieux, conseiller du Roy en ses dictz
« conseils et maistre des requestes ordinaire de son
« hostel, aussy cousin germain paternel ;

« Messire Alexandre Petau, aussy conseiller du Roy
« en ses dictz conseils et en sa dicte cour de parlement,
« seigneur de Villeneufve-Saint-Georges, aussi cousin
« germain paternel ;

« et messire Jean-Louis de Faucon [1], chevalier, mar-
« quis de Charleval, seigneur de Rys et aultres lieux,
« conseiller ordinaire du Roy en tous ses conseils et
« premier président en sa cour de parlement de Rouen,
« cousin issu de germain paternel. »

L'énumération des témoins présents à ce contrat,
suffit à prouver quelle haute situation occupait la
famille de Morant et de quelle considération, de quelle
estime elle jouissait à si juste titre.

Les futurs époux se mariaient sous le régime de la
communauté réduite aux acquêts, adopté par la « cous-
« tume de la ville, prévosté et vicomté de Paris ».

La future, en dehors de ses droits successifs comme
héritière de son père, devait recevoir en dot, de sa
mère, « la veille de ses espouzailles », quarante mille

Nous avons vu que le premier président Faucon de Rys avait
été mêlé au différend entre Thomas Morant et le Parlement de
Normandie.

livres tournois sur sa succession future. En outre,
« pour la bonne amitié que la dicte dame de Hacque-
« ville porte à la future espouze sa fille », elle lui faisait
donation entre vifs, irrévocable, de tous ses biens,
meubles et immeubles, sans réserve, avec cette stipula-
tion que si la future décédait la première, sans laisser
d'enfants, cette donation profiterait « audit seigneur
« futur espoux ». Comme condition de cette donation
de biens, dont la jouissance devait commencer du jour
du contrat, les donataires étaient « tenus et obligés de
« nourrir, loger et entretenir la dicte dame de Hacque-
« ville et sa suite, selon sa condition, le reste de ses
« jours. »

Le futur accordait à la demoiselle de Hacqueville « le
« douaire coustumier, suivant l'usage des coustumes,
« tant de la dicte ville, prévosté et vicomté de Paris,
« que de celle de Normandie où la plus grande partie
« des biens immeubles, terres, seigneuries du dict sieur
« futur espoux sont situés. »

Il était stipulé en faveur de chacun des époux un pré-
ciput de 20,000 livres tournois, réduit à 10,000 en cas
d'existence d'enfants et applicable pour le futur à « ses
« habits, armes, chevaulx » et pour la future à « ses
« habitz, bagues et joyaulx ».

Il était également stipulé qu'en cas de prédécès du
futur époux, la future aurait « pour son habitation, tant
« qu'elle demeurera en viduité, la jouissance de l'une
« des maisons du dict seigneur futur espoux, telle
« qu'elle voudra choisir, ensemble de la basse-cour,
« coulombier, fossez et préclosture, sans diminution du
« dict douaire et ses biens parafernaux, de valleur de
« 10,000 livres ou la dicte somme de 10,000 livres en
« deniers à son choix et option. » Toutefois, il était dit
que si la dame de Vieuxpont, mère du futur, existait à

ce moment, celle-ci devait d'abord choisir « son habitation ».

Enfin « à l'esgard du dict seigneur futur espoux, le « dict seigneur de Vieupont, son oncle, au dict nom de « procureur, déclarait et tenait le dict seigneur futur « espoux filz aîné et principal héritier de la dicte dame « de Vieupont, sa mère ».

Le tout « faict et passé en la demeure de la dicte « dame de Hacqueville, en la dicte rue du Four, le « 21e jour de septembre, l'an 1654, excepté par la dicte « dame Reyne au Chasteau du Louvre, et par les aultres « assistans en leurs demeures,

« et a la dicte dame Reyne et les dicts seigneur et da- « moiselle futurs espoux, seigneur baron de Vieupont « et dame de Hacqueville et aultres assistans signé. »

Thomas de Morant, frère aîné consanguin du futur et chef de la famille, donna à ce contrat son approbation dans les termes suivants :

« Aujourd'hui, 29e novembre, au dict an 1654, est comparu pardevant les dicts notaires hault et puissant seigneur messire Thomas de Morant, chevalier, seigneur et baron du Mesnil-Garnier, conseiller du Roy en ses conseils, maistre des requestes ordinaire de son hostel, demeurant à Paris, rue du Parc-Royal, paroisse Saint-Gervais, frère aîné du dict seigneur messire Nicolas-Claude de Morant, baron de Courseulles ; lequel seigneur du Mesnil-Garnier après avoir leu le contrat de mariage cy dessus, a déclaré avoir ce contrat pour agréable en tant qu'à luy est... »

Le contrat fut insinué au greffe du Châtelet, le 10 décembre suivant, et un acte du 5 juin 1655 constate que le 17 janvier, « veille des espouzailles », la dame de Hacqueville avait versé à sa fille la dot de 40,000 livres tournois.

De ce mariage naquirent :

I. *Nicolas* (voir plus loin).

II. *Pierre-Armand*, écuyer, seigneur et patron d'Esterville (non cité par La Chesnaye), né en 1665, qui
épousa Marie-Anne de Tilly, fille de Pierre de Tilly [1] et
d'Henriette de Sainte-Marie [2] et eut pour fille Marie-
Anne de Morant, née en février 1699, laquelle épousa
à Cristot, le 11 janvier 1723 [3], Jean-François de Cairon,
fils de feu Philippe-François de Cairon, seigneur de la
Pigasière.

---

[1] La famille de Tilly est d'une antique noblesse. Cf. *Les Chevaliers Bretons de Saint-Michel*, où il est parlé (p. 434), des anciens
chastelains de Tilly : Jean de Tilly, baron de Beaufort et Beuvron,
était échanson du Roi au xve siècle. — Au xiiie, Robert de Vieuxpont, seigneur de Courville, épousa Jeanne de Tilly. En 1400,
Yves de Vieuxpont, seigneur de Courville et de Chailloué, épousa
Blanche d'Harcourt, qui était fille de Philippe d'Harcourt, seigneur de Bonnétable et de Jeanne de Tilly.

En 1467, Josias de Morant épousa Jacquette de Tilly. Le mariage
de Pierre-Armand de Morant avec Marie-Anne de Tilly n'était
donc pas la première alliance entre ces familles.

Les armes des Tilly sont : *d'or à la grande fleur de lys de
gueules.* Cf. d'Hozier, *Armorial général*, généalogie des Tilly, seigneurs de Saint-Ilier et d'Acon, diocèse d'Évreux (I, 1°). Plusieurs
membres de cette famille furent gentilshommes de la chambre du
Roi, gouverneurs de Vernon...

D'après le traité du blason de Laroque, la maison de Tilly porte
dans ses armoiries la fleur de lys « comme si les fleurs de lys
« étaient des dards, des flèches, sur l'allusion de ces instruments
« de guerre, *Tilli* étant dérivé de *a telo.* »

[2] Armes des Sainte-Marie : *d'or escartelé d'azur* ou, d'après
d'Hozier, *écartelé d'or et d'azur, 1 et 4 chargés d'un croissant de
gueules.* Cf. dans l'*Armorial général*, la généalogie de cette famille
mentionnant plusieurs gentilshommes de la chambre du Roi,
1563-1641, gouverneurs de Granville et des îles de Chausei, un
bailli de Caen, chevalier, seigneur de Victot et d'Agneaux (diocèse
de Coutances), et spécifiant une maintenue en noblesse du
17 juillet 1624.

[3] Cf. l'ouvrage de M. de Courson, p. 322-323,

De ce mariage naquirent :

1º Armand de Cairon, mort jeune en Italie pendant la guerre de 1740 ;

2º Pierre-Philippe-François de Cairon, curé d'Ester-ville, émigré ;

3º Anne de Cairon, qui épousa son cousin Charles-Nicolas de Morant (voir plus loin).

Nous reviendrons à ce sujet sur la famille de Cairon.

III. *Marie-Anne de Morant* [1], née à Courseulles, 19 août 1657, qui eut pour marraine « noble et ver-« tueuse dame Anne de Morant, femme de M. le marquis « de Leuville ». Mariée (contrat du 25 novembre 1683) avec messire Pierre du Buisson [2], écuyer, sieur de Cour-son, seigneur et patron de Cristot et de Brouay, veuve en 1686, chargée par lettres-patentes du 31 août 1694, de la garde noble et tutelle de Pierre-Nicolas du Buis-son, son fils mineur, elle décéda le 6 novembre 1695 au manoir seigneurial de Cristot et fut inhumée dans le chœur de l'église de cette paroisse.

Son fils, Pierre-Nicolas, épousa Marie-Anne de Fri-bourg-zur-Lauben.

M. Amédée du Buisson de Courson a publié une très intéressante et très complète étude sur la maison nor-mande du Buisson et ses alliances : nous y avons fait plus d'un emprunt.

IV. *Françoise*, née en 1659, épouse de Charles-Henri Le Bourgeois, écuyer, seigneur de Crux [3] ; marraine en

---

[1] Non citée par La Chesnaye-Desbois. — Cf. l'ouvrage de M. de Courson, p. 373.

[2] Armes des du Buisson : *écartelé aux 1 et 4 d'argent, au canton de gueules posé à senestre, aux 2 et 3 d'azur à 3 roses de buisson d'or*.

[3] Armes : *d'azur à la face d'or accompagnée de trois besans de même, 2 en chef, 1 en pointe*.

1751, à l'âge de quatre-vingt-douze ans, de Françoise-Julie du Buisson de Courson.

v. *Marie-Valentine*, baptisée le 29 janvier 1663, décédée le 17 juin 1747[1].

En 1684, on voit figurer Nicolas-Claude de Morant comme parrain dans l'acte de baptême de son petit-fils Pierre-Nicolas du Buisson de Cristot-Courson.

Nicolas-Claude de Morant avait été confirmé dans sa noblesse, en 1666[2], par M. de Chamillard, intendant de la généralité de Caen, en même temps que Charles-Roger, garde du corps de Sa Majesté, Henri-Dominique, « au service sur mer », François et Louis, ses frères germains, Thomas, III° du nom, son frère consanguin, et Charles-Thomas de Morant de Rupierre, son cousin-germain.

Nicolas-Claude mourut à Caen et fut inhumé, le 14 mars 1703, dans le chœur de l'église des Frères prêcheurs.

Dans un arbre généalogique conservé par la famille de Morant et dressé au commencement du xviii° siècle, les armes de Nicolas-Claude de Morant sont ainsi représentées : *écartelé* aux 1 et 4 de Vieuxpont (sa mère étant Françoise de Vieuxpont), et aux 2 et 3 de Beaufremont, « *vairé d'or et de gueules* » (la mère de Françoise de Vieuxpont étant Catherine de Beaufremont), et *sur le tout d'azur aux trois cormorans d'argent* qui est de Morant. Nicolas-Claude avait ainsi réuni à ses armes celles de sa mère et de sa grand'mère.

---

[1] Par erreur M. de Courson dit qu'elle se maria avec Jean-François de Cairon ; c'est sa nièce Marie-Anne qui fit ce mariage (voir plus haut).

[2] Cf. De Courcy, Nobiliaire et Armorial de Bretagne, II° : *de Morant*, originaire de Normandie, y maintenu en 1666, seigneur d'Esterville... maintenu par arrêt du Parlement de 1784, ressort de Rennes. — Cf. *Recherches de la Noblesse*, par Chamillard.

§ 2

Nicolas de Morant, baron de Courseulles et ses descendants

Le fils aîné de Nicolas-Claude, *Nicolas,* chevalier, seigneur et patron d'Eterville, de Roquereuil (ou Rocreuil), d'Hermenville, etc..., fut baptisé à Courseulles le 17 octobre 1664 [1].

Capitaine de cavalerie, il épousa en 1714 Agnès-Yves de Saint-Prest [2].

Celle-ci était fille de messire Jean-Yves, seigneur de Saint-Prest et de dame Anne Chomel [3].

Nous avons eu communication du contrat de mariage de ses père et mère, reçu le 3 septembre 1670 par Jacques Despriez et Pierre Gandion, notaires garderecettes au Chastelet de Paris. Les parties y sont ainsi dénommées :

« Messire Jean Yves, seigneur de Saint-Prest, con-

---

[1] Voir registres de l'État-Civil de Courseulles. C'est par erreur que dans les *Recherches nobiliaires* il est parlé du 11 novembre 1655.

[2] Les armes des Saint-Prest étaient *d'argent au chevron de gueules accompagné de 3 étoiles de même, posées 2 en chef et 1 en pointe.*

D'Hozier cite Simonne de Saint-Prest, fille de Bernard de Saint-Prest, sieur dudit lieu et de Marguerite Gauville, qui épousa vers 1500 Jacques de Tullières, seigneur de Vallainville dans le Dunois, III, 2.

[3] Armes des Chomel : *d'or à la fasce azur chargée de 3 quarreaux d'or.*

seiller du Roy en son Grand Conseil, demeurant à Paris, rue de la Harpe, fils de deffuncts noble homme Pierre Yves, vivant conseiller du Roy, receveur et payeur des rentes assignées sur l'hostel de cette ville et de dame Claude de Lethus [1], son épouse, pour luy.....

« Dame Charlotte Seguier [2], veuve de feu messire Anthoine Chomel, vivant chevalier conseiller du Roy en ses conseils et maître des requêtes ordinaire en son hôtel, demeurant à Paris, rue Saint-Anthoine, parroisse Saint-Paul, tant en son nom que comme stipulant pour damoiselle Anne Chomel, sa fille. »

Parmi les témoins figurent : l'illustre chancelier Seguier, cousin maternel de la future, ainsi dénommé, « très hault et très puissant seigneur messire Pierre Seguier [3], chevalier, chancellier et garde des sceaux de France, duc de Villemaur et commandeur des ordres de Sa Majesté » ; — puis, « très haulte et puissante dame, dame Magdeleine Fabry, espouse de mondit seigneur le chancellier messire de Bullion [4], chevalier, comte de Fontenay, conseiller du Roy en ses conseils et en sa

---

[1] Armes des Lethus : *d'azur à la croix patriarcale d'argent, accompagnée en chef de deux croissants montants, et en pointe de deux losanges aussi d'argent.*

[2] Armes des Séguier : *d'azur au chevron d'or, accompagné en chef de deux étoiles d'or et en pointe d'un mouton 'd'argent passant.* Cf. d'Hozier, I, 2°, qui donne la généalogie des Séguier, seigneurs de la Verrière, depuis Gérard, conseiller au Parlement, 1489. On y remarque Pierre, président au siège présidial de Châtelet, 1559 ; Claude, gentilhomme servant du Roi Charles IX ; Jacques, conseiller secrétaire du Roi, maître d'hôtel ordinaire de Sa Majesté, conseiller en ses conseils d'État et privé, 1636 ; Claude, IIᵉ du nom, seigneur de Liancourt, chevalier de Saint-Lazare, maître d'hôtel de Mademoiselle, duchesse de Montpensier ; François, capitaine de frégate, chevalier de Saint-Louis ; Charles, colonel de la milice normande, chevalier de Saint-Louis.

[3] 1588-1672. Chancelier depuis 1635.

[4] Un sieur Claude de Bullion, mort en 1640, fut surintendant des finances.

cour de Parlement de Paris (cousin maternel du futur) ;

« Messire Nicolas Seguier, chevalier, marquis de Saint-Brisson, Saint-Martin et Saint-Firmin (oncle maternel) ;

« et messire Martial Chanut, conseiller et aulmonier ordinaire de la feüe Reyne, mère du Roy, abbé et seigneur spirituel et temporel de l'abbaye d'Issoire en Auvergne..... »

Après l'énumération des témoins se lit la formule si caractéristique des anciens contrats de mariage :

« Reconnurent et confessèrent avoir faict, convenu et accordé entre iceux les traité, douaire, promesses et conventions de mariages qui en suivent : c'est à sçavoir le dit s^r de Sainct-Prest et la dite damoiselle Anne Chomel s'estre promis prendre l'un d'eux l'autre par nom et loy de mariage pour icelui faire et solemniser d'eux deux en face de nostre Mère Saincte Eglise catholique, apostolique et romaine dans le plus bref temps que faire ce pourra et qu'advisé et delibéré sera entre eux, les dits seigneurs, sieurs et dames leurs parents et amis, sy Dieu et nostre dite Mère Saincte Eglise y consentent et accordent ! »

La dot de la future était de 80,000 livres (somme considérable pour l'époque), montant des droits lui revenant dans la succession de son père.

Le tout « faict et passé à l'égard de la dame Chomel, sieur et damoiselle futurs espoux, en la maison de ladite dame Chomel, le 1er jour de septembre, de mon dit seigneur le Chancellier en son hostel à Saint-Germain en Laye, le 2mo dudit mois, de madite dame la Chancellière en l'hostel de mon dit seigneur son espoux à Paris, le 3e du dit mois, l'an mil six cent soixante dix. »

Suit, à la date du neuf septembre, une quittance délivrée par les espoux à la dame Chomel « qui leur a

baillé, payé, compté, nombré et réellement délivré, en
louis d'or, d'argent, pistolles d'Espagne et monnaye, le
tout bon » la somme stipulée au contrat.

Nous avons dit que Jean Yves de Saint-Prest était
fils de Pierre Yves et de Claude de Lethus. Le contrat
de mariage de ces derniers est du 6 mars 1639. Le futur
y est qualifié conseiller du Roy, receveur et payeur des
rentes assignées sur les gabelles, fils de noble homme
messire Claude Yves, conseiller du Roy et prévost ordinaire, civil et criminel, commissaire enquesteur exami-
nateur des prévostés de Samois, Fontainebleau et Le
Mouseau ; et la future est dite fille de feu noble homme
Jacques Lethus, docteur en médecine en la faculté de
Paris et de damoiselle Claude Eustache, demeurant rue
de la Harpe, hostel Dandelot.

Parmi les témoins figurent plusieurs conseillers du
Roy et secrétaires de sa chambre, amis du futur ; messire Henry de Bullion, conseiller du Roy en ses conseils
d'Estat et privé, oncle maternel de la future ; messire
Jean de Sétom, chevalier, seigneur de Cariston et de
Coulomne, lieutenant des gardes écossais du corps du
Roy, oncle maternel ; noble homme de Chambris, au-
mônier de Monseigneur le cardinal duc de Richelieu,
cousin paternel ; messire de Carnazes, chevalier, seigneur de Saint-Vrain, lieutenant des gardes de Monseigneur, frère du Roy.....

La dot de la future était de 45,000 livres, dont 24,000
consistant en une partie de l'hostel Dandelot, le surplus
restant à sa mère.

Nous trouvons Nicolas de Morant figurant comme
parrain d'un enfant de Pierre-Nicolas du Buisson
(10 août 1708) et sa femme Agnès Yves de Saint-Prest,
marraine d'un autre enfant du Buisson, 29 juillet 1717.
(L'acte est signé Agnès Yves de Saint-*Priest*.)

Agnès Yves de Saint-Prest mourut le 24 juin 1733,

6

laissant trois enfants issus de son mariage avec Nicolas de Morant, lequel décéda le 22 juin 1735 :

I. *Alexandre-Jean,* chevalier, seigneur et patron d'Esterville et de Roquereuil, né en 1715, baptisé le 16 avril 1720 et nommé par Nicolas du Buisson, écuyer, seigneur et patron de Cristot, et Valentine de Morant.

Capitaine d'infanterie, il épousa en premières noces à Saint-Jean de Caen, le 2 octobre 1742, demoiselle Louise-Ovide Le Cornu de Sainte-Marthe, fille de François Le Cornu, chevalier, et de Marie-Charlotte le Hallier des Châteaux[1].

De ce mariage est issue une fille unique, Marie-Charlotte-Françoise-Adélaïde, née en 1743, qui épousa avec dispenses, à Caen, le 27 novembre 1772, son cousin Jean-René-Antoine-Pierre de Morant, baron de Coulonces, seigneur de Boisyvon, officier au régiment des dragons de la Reine, chef de la branche cadette. Celui-ci hérita ainsi plus tard des droits et titres éteints en la personne de son beau-père, Alexandre-Jean de Morant, dernier représentant mâle de la branche des Morant, barons de Courseulles.

Alexandre-Jean de Morant avait épousé en secondes noces une demoiselle de Guernon, de la famille de M. de Guernon-Ranville, décédée sans enfants.

Il avait eu deux frères, enfants jumeaux, portant tous deux le nom de *Charles-Nicolas,* baptisés à Saint-Sauveur de Caen, le 26 mai 1716 : le premier fut nommé par dame Françoise de Morant, dame de Crux, assistée de

---

[1] Le contrat de mariage fut reçu à Paris par Juliennet.

Un des aïeux de la future, Pierre Le Cornu, avait été fait chevalier de l'ordre de Saint-Michel par Henri IV ; il était gouverneur de Craon et avait épousé Anne de Champagne. (Cf. *Les Chevaliers Bretons.*) — Armes des Le Cornu de Sainte-Marthe : *d'argent à la fasce fuselée de trois pièces et deux demies de sable, au chef de même.* (Voir Palliot, p. 350.)

Pierre-Nicolas du Buisson, écuyer, seigneur et patron de Cristot ; le deuxième par Marie-Anne Fribourg, dame de Cristot, assistée de Charles-Henry Le Bourgeois, écuyer, sieur de Crux.

II. Le premier de ces frères jumeaux, *Charles-Nicolas*, licencié en Sorbonne, fut chanoine théologal de la cathédrale de Bayeux [1].

Il était patron de la cure de Port-en-Bessin (diocèse de Bayeux), ainsi que cela résulte d'un procès-verbal d'installation du curé, noble homme Pierre-Louis-Guillaume du Buisson (11 octobre 1779).

Arrêté pendant la révolution, il fut détenu, en 1793, au couvent des Nouvelles-Catholiques, puis aux Carmes, à Caen, il mourut dans cette ville le 12 ventôse an VI [2].

La succession de l'abbé de Morant fut partagée entre sa nièce, Mme Ancelin de la Garde, et sa cousine germaine, Mlle de Coulonces. dont nous retrouverons les noms plus loin. Parmi ses biens figurait la terre de Poutsy près Caen.

III. *Charles-Nicolas de Morant*, frère jumeau du précédent (24 mai 1716), dit le chevalier d'Esterville, lieutenant au régiment de Santerre-infanterie, épousa, en 1752, Anne de Cairon, sa nièce à la mode de Bretagne.

---

[1] A cette époque l'évêché de Bayeux eut successivement pour titulaires :

1729, Mgr de Luynes ; 1753, Mgr de Rochechouart ; 1770, Mgr de Cheylus.

[2] Cf. *Semaine religieuse* de Caen, du 30 novembre 1879. Liste, d'après un manuscrit de la collection Mancel, des prêtres infirmes ou âgés détenus à Caen en 1793 : au n° 42, figure Charles-Nicolas de Morant, né sur Saint-Sauveur de Caen, entré le 26 mai aux *Nouvelles catholiques*.

FAMILLE DE CAIRON

La famille de Cairon, ainsi qu'il résulte tant des renseignements qu'a bien voulu nous fournir M. de Cairon, demeurant au château d'Amblie (Calvados), que de ceux puisés dans l'ouvrage de M. de Courson, remonte à Nicolas Perrotte, qui combattit sous les ordres du connétable Arthur de Bretagne, comte de Richemont, pour expulser les Anglais de la Normandie et qui commandait à la bataille de Formigny (14 avril 1450) une compagnie d'hommes d'armes levée à ses frais. Il fut anobli par le roi Charles VII, en raison de ses services (3 février 1454). Des lettres-patentes du roi Louis XI, datées de La Guerche, 5 août 1472, autorisèrent les membres de cette famille à prendre le nom de Cairon. La famille de Cairon fut maintenue en noblesse par Roissy, en 1599, et par Chamillard, en 1667.

Une des branches prit le nom de Cairon de la Pigasière. Philippe-François de Cairon, sieur de la Pigasière, fils de François et d'Élisabeth de Sainte-Marie [1], épousa Anne Le Vaillant [2], fille de Pierre Le Vaillant et de Françoise Marc [3], d'où Anne, mariée à Jacques de Pierrefont d'Esquay, et Jean-François, né en 1677, qui épousa le 11 janvier 1723, Marie-Anne de Morant (voir plus haut).

De ce mariage naquirent trois enfants :

1° Pierre-Philippe-François, curé d'Éterville, né à Bretteville-l'Orgueilleuse, vers 1724 (les registres

---

[1] Armes des Sainte-Marie : *d'or escartelé d'azur.*

[2] Armes des Le Vaillant : *d'azur au poisson passant d'argent, au chef d'or.*

[3] Armes des Marc : *d'azur chargé de trois paniers d'or, posés deux et un.*

manquent à cette date), mort en pays étranger pendant l'émigration [1] ;

2° Armand, mort en Italie, vers 1740 ;

3° Anne, née vers 1726, à Bretteville-l'Orgueilleuse, qui épousa Charles-Nicolas de Morant.

Avec elle devait s'éteindre, faute de descendants mâles, la branche des Cairon de la Pigasière.

Sur un arbre généalogique qui nous a été communiqué par le marquis Le Veneur de Beauvais, nous lisons ceci : « Je certifie avoir tiré le présent extrait du tableau généalogique de ma famille qui est dans mon chartrier, par lequel on voit que Mme de Morant était parente au quatrième ou cinquième degré avec Jean de Cairon, dit le chevalier de la Motte, premier écuyer de Son Altesse sérénissime Mme la duchesse de Bourbon, duquel je suis neveu et héritier, portant le même nom. En foy de quoy, j'ai délivré le présent à M. de Morant et y ai apposé le cachet de mes armes. Ce 30 août 1772. (Signé) le chevalier de Lamotte-Cairon. »

M. de La Morinerie (*Noblesse de Saintonge aux États généraux*) cite Nicolas-Etienne de Cairon, comte de Merville [2], seigneur de Gibran en Saintonge, des maisons nobles de Villeneuve, Montigny et des Houlières en Aunis, lieutenant de vaisseau, chevalier de Saint-Louis, mort en 1783, dont la veuve, Marie-Cathe-

---

[1] Ses biens avaient été confisqués et vendus le 11 brumaire an III (1er novembre 1794), pour 19,000 fr., valeurs en assignats, soit en numéraire au taux de 35 °/₀, 6,697 fr ! L'indemnité de liquidation accordée (d'après la loi de 1825) à ses héritiers, les enfants Ancelin de La Garde, ses petits-neveux et petites-nièces, fut fixée à ce chiffre en 1828.

[2] D'Hozier (*Armorial*, reg. IV, v° Gestart) cite une demoiselle Marguerite-Françoise de Cairon, fille d'Étienne de Cairon, écuyer, seigneur et patron de Merville, qui épousa, en 1734, Jean-François de Gestart, écuyer, sieur de Valville, d'où un fils né à Caen en 1736.

rine-Geneviève de Calvimont, était, pour son fief de Gibran, représentée par M. Charles-Joseph de Cairon, vicomte de Merville, demeurant à Rochefort.

Nous possédons dans nos papiers de famille le brevet original délivré par d'Hozier à François de Cairon de la Pigasière. Il est ainsi conçu : « Par ordonnance rendue, « le 30° du mois d'août de l'an 1697, par M^{rs} les com-« missaires généraux du Conseil députés sur le fait des « armoiries, celles de François de Cairon, éc^{er} s^r de la « Pigasière, telles qu'elles sont ici peintes et figurées, « après avoir été reçues, ont été enregistrées à l'Armo-« rial général, dans le registre cotté Normandie, en con-« séquence du payement des droits réglés par les tarif « et arrêt du Conseil, du 20° de novembre de l'an 1696, « en foi de quoi le présent brevet a été délivré par nous, « Charles d'Hozier, conseiller du Roi et garde de l'Ar-« morial général de France, etc., à Paris, le 20° du « mois de septembre de l'an 1697, signé : *Ch. Hozier.* » En tête figurent les armoiries des Cairon, admirablement conservées : *de gueules à trois coquilles d'argent posées 2 et 1.*

Le mariage de Charles-Nicolas de Morant avec Anne de Cairon, fut célébré, le 15 juin 1752, à l'église de Bretteville-l'Orgueilleuse par le curé de Saint-Martin de Caen. Les parties sont ainsi dénommées dans l'acte de mariage :

« Messire Charles-Nicolas de Morant, chevalier, fils majeur de feu Nicolas de Morant, chevalier, en son vivant seigneur et patron d'Esterville, de Rocquereuil, Maupertuis et autres lieux et de feue noble dame Agnès-Yves de Saint-Prest, ses père et mère, d'une part ;

« Et noble demoiselle Anne de Cairon, fille majeure de feu Jean-François de Cairon, écuyer, chevalier, seigneur de la Pigacière, et de noble dame Marie-Anne de Morant, ses père et mère, de la paroisse de Bretteville-l'Orgueilleuse, diocèse de Bayeux. »

Nous avons relevé sur un arbre généalogique les seize quartiers de noblesse des jeunes époux, savoir pour Charles-Nicolas de Morant : de Morant, de Vieuxpont, de Hacqueville, de Buccaule, de Saint-Prest, de Lethus, Chomel et Seguier ; — et pour Anne de Cairon : de Cairon, de Sainte-Marie, Levaillant, Marc, de Morant, de Hacqueville, de Tilly et de Sainte-Marie (double alliance).

Du mariage de Charles-Nicolas de Morant avec Anne de Cairon naquirent quatre enfants, trois garçons et une fille :

i. *N. de Morant*, officier de marine à Rochefort, décédé sans doute avant 1780 (date du mariage de sa sœur, son nom ne figurant pas à l'acte) ;

ii. *Charles-François de Morant*, né à Bretteville en 1758 ; il était en 1774 « écolier de troisième au collège de Mont, de la très célèbre université de Caen », ainsi que cela résulte d'une pièce imprimée portant « les « questions géographiques, chronologiques et histo- « riques sur le royaume de France », auxquelles il devait répondre, en même temps qu'il devait « expliquer « le quatrième livre de l'*Énéide de Virgile*, répondre aux « différentes questions de mythologie, de géographie et « d'histoire qui se rencontreront et réciter quelques « morceaux choisis des meilleurs poètes français relatifs « au même livre, — le mercredy 6° jour de juillet 1774, « pour le premier exercice public. »

Ce document n'a-t-il pas son intérêt rétrospectif, au point de vue du niveau et du programme des études, à une époque qui remonte à plus de cent ans ? Alors que les apologistes de la Révolution se plaisent à dénigrer et à rabaisser tout ce qui est antérieur à 1789, et à représenter cette époque comme imbue d'ignorance, un document de ce genre nous permet d'apprécier l'exactitude et la valeur de ces allégations, qui sont loin de briller par l'impartialité.

Notre « écolier » n'était pas destiné à jouer un rôle politique ou militaire. En 1775, il décédait, à l'âge de dix-sept ans, et était inhumé le 4 juin à Saint-Pierre de Caen.

III. *Jean-Baptiste de Morant*, né et baptisé le 18 juin 1763 à Bretteville-l'Orgueilleuse, dit le *Chevalier*, décédé à Saintes, vers 1801, célibataire.

IV. *Alexandrine-Victoire-Hélène de Morant*, née le 1er avril 1753, à Bretteville, baptisée le 4 du même mois par « noble et discrète personne Charles-Nicolas de « Morant, licencié en Sorbonne, chanoine théologal de « l'église cathédrale de Bayeux » oncle maternel de l'enfant. Elle eut pour marraine son aïeule maternelle « noble dame, dame Marie-Anne de Morant, veuve « de messire Jean-François de Cairon, chevalier, sei- « gneur de la Pigassière, stipulée et représentée par « noble dame Charlotte-Ovide de Sainte-Marthe, assistée « de messire Alexandre-Jean de Morant, chevalier, sei- « gneur et patron d'Esterville et de Rocquereuil, son « époux » (oncle et tante de l'enfant du côté paternel)[1].

Alexandrine-Victoire-Hélène de Morant épousa, en 1780, messire Louis Ancelin de la Garde de Bernessart en Saintonge.

---

[1] L'acte est signé : Sainte-Marthe, de Morant, de Morant, Charles-Nicolas de Morant, chevalier, l'abbé de Morant.

FAMILLE ANCELIN DE LA GARDE

La famille *Ancelin de la Garde* descendait d'une des plus anciennes et des plus honorables maisons de Saintonge [1].

Les Ancelin portent de *gueules à un lion rampant d'or, contourné, armé et lampassé d'azur*. Ils furent confirmés en noblesse par d'Aguesseau (1666).

Cette famille remonte à Jehan Ancelin, écuyer, échevin de Saint-Jean-d'Angély en 1586, dont le fils, Jehan, fut gentilhomme de la chambre du Roi Louis XIII. En 1658, elle se partagea en deux branches, celle des Ancelin de Saint-Quentin, représentée actuellement par le marquis de Saint-Quentin, ses enfants et petits-enfants, et celle des Ancelin de la Garde (branche aînée) qui n'a plus de représentant mâle de ce nom.

Pierre-Gabriel Ancelin, seigneur de Bernessart en Saintonge, fils de Christophe, seigneur de la Garde-aux-Valets et de dame Jeanne de Modica, fut lieutenant de vaisseau et chevalier de Saint-Louis.

Son fils, Louis-Auguste, né le 21 octobre 1706, lieutenant au régiment de la Reine-infanterie, se maria (7 mars 1744), avec Marie-Victoire de Vallée de Monsansom [2], fille de messire Louis de Vallée, écuyer, seigneur de Monsansom et de Gornaize et de dame Marguerite de Laurentie.

---

[1] Voir la notice publiée par nous sur les « *Ancelin de La Garde* », Nantes, Vincent Forest et Grimaud, 1887 (extrait de la *Revue historique de l'Ouest*).

[2] La famille de Vallée est également une vieille et noble famille de Saintonge. Elle est représentée par les enfants de M. le comte Ernest de Vallée, décédé il y a quelques années au château de Gibeau (Charente-Inférieure). Armes : *de sable à un lion rampant d'or, contourné, couronné de même, armé et lampassé de gueules.*

De ce mariage deux enfants : Louise-Victoire de Marignac, qui épousa Charles-Thomas de Vallée, son cousin, et Louis, baptisé le 22 mars 1744 à Gémozac, lequel épousa Alexandrine-Victoire-Hélène de Morant.

Louis-Ancelin de la Garde débuta dans la marine à treize ans. Un an après, il prenait part à un combat naval où, malgré sa jeunesse, il faisait preuve de sang-froid et de courage. Le 14 février 1778, il était nommé lieutenant de vaisseau. Sa carrière fut brillante et ses états de service comptent de nombreuses campagnes. Chevalier de Saint-Louis (3 octobre 1778), il dut, pour raison de santé, prendre sa retraite en 1781, obtenant une modeste pension de 600 livres sur le Trésor, et comptant à l'âge de trente-sept ans, vingt-quatre années de service !

Son contrat de mariage avec M᷍ᵉ de Morant fut reçu, le 5 avril 1780, par Mᶜˢ Foucaudel et Ledanois, notaires à Caen. La dot de la future était de 50,000 livres consistant en une rente de 2,500 livres. L'acte est signé Louis Ancelin de la Garde de Bernessart, abbé de Cairon, Anne de Cairon de Morant, Charles-Nicolas de Morant. Le même jour eurent lieu les fiançailles en l'église Saint-Pierre de Caen.

Le lendemain, 6 avril, le mariage était célébré en l'église d'Éterville, par l'abbé de Cairon, curé de cette paroisse, oncle de la future. L'acte donne aux parties les dénominations suivantes :

« Messire Louis Ancelin de la Garde de Bernessart, lieutenant de vaisseau du Roi du département de Rochefort, embarqué sur le vaisseau du Roi le *Magnanime*, chevalier de l'ordre royal et militaire de Saint-Louis, chevalier, seigneur haut justicier de Bernessart et de Gémozac en partie, fils majeur et légitime de feu messire Louis Ancelin de la Garde de Bernessart, ancien officier d'infanterie et de feue noble dame Marie-Victoire de Vallée de Montsansom, ses père et mère, du diocèse de Saintes, d'une part, ledit messire Louis Ancelin de la Garde de Bernessart faisant son domicile depuis plusieurs années dans la paroisse de Saint-Louis de Rochefort, en Aunis, d'une part ;

« Et noble demoiselle Alexandrine-Victoire-Hélène de Morant, fille majeure et légitime de messire Charles-Nicolas de Morant, chevalier d'Eterville, ancien officier d'infanterie, et de noble dame Anne de Cairon, ses père et mère, de la paroisse de Saint-Pierre de Caen, d'autre part ;

« En présence de messire Charles-Nicolas de Morant, de noble dame Anne de Cairon, de messire Arnault Decageul, lieutenant de vaisseau, chevalier de l'ordre militaire de Saint-Louis, de la paroisse de Gormeville-sur-Merville, seigneur en partie,... etc... »

Louis Ancelin de la Garde, ayant dû, comme nous l'avons dit, prendre sa retraite, se fixa avec sa jeune épouse au château de Bernessart[1] où il vécut étranger à la politique ; aussi, quand vint la Révolution, ne crut-il pas devoir émigrer. Mais les brillants services de celui qui avait consacré sa vie à la défense de la patrie et sacrifié sa santé aux intérêts de son pays, ne devaient pas le préserver de la tempête révolutionnaire. Une délation, sans base ni fondement sérieux, devait avoir raison d'une vie entière de devoir et de dévouement, et l'homme d'honneur, l'intrépide et hardi marin, qui, dès l'âge de quatorze ans, avait bravé la mort sur les vaisseaux du Roi et qui, par son courage, avait mérité la croix de Saint-Louis, était une victime réservée à la vindicte des tribunaux révolutionnaires.

---

[1] Bernessart est un vieux logis, situé non loin de Gémozac, au fond d'une vallée, au milieu de bois magnifiques. On y conservait encore, il y a quelques années, le carrosse qui avait servi au mariage, carrosse fait sur le modèle de ceux de la Cour.

Le 8 floréal an II (27 avril 1794), une odieuse dénonciation était portée contre lui devant le comité de surveillance de Gémozac : on ne relevait contre lui qu'un propos tenu en 1791 et tendant à l'avilissement de la République, qui... n'existait pas encore !

Après un simulacre d'enquête où l'inculpé ne put présenter aucun moyen de défense, celui-ci fut arrêté et transféré à Paris. Le 28 messidor an II (11 juillet 1794), il comparaissait devant le tribunal révolutionnaire et était condamné à mort comme « convaincu de s'être déclaré ennemi du peuple en entretenant des intelligences criminelles avec les ennemis de l'État ! » Nous avons publié *(loc. cit.)* les pièces très curieuses de ce procès (Cf. Archives nationales, W, 412).

Le même jour, Ancelin de la Garde montait sur l'échafaud, glorieuse victime de la Terreur !

Sa femme avait elle-même été arrêtée ; mais ses bourreaux n'osèrent pas donner suite à ce commencement de poursuites : six jours avant la condamnation à mort de son mari, elle donnait naissance à une fille qui devait porter les prénoms de Louise-Émilie, mais qui, en raison des circonstances, fut inscrite sur les registres de l'état-civil de *Xaintes*, sous le très curieux prénom de « *Gros-* « *seille (sic),* enfant femelle, née du mariage de Louis « Ancelin Lagarde, cy-devant ex-noble, ex-officier de « vaisseau de la marine et de Alexandrine-Victoire- « Hélène Maurant » (17 messidor an II).

Les biens du « condamné Ancelin » furent sequestrés et vendus nationalement. Mais la veuve put racheter le château de Bernessart et une partie du domaine : le surplus fut adjugé aux dénonciateurs !

Du mariage de Louis Ancelin de la Garde et de Alexandrine de Morant étaient issus cinq enfants :

1° Louise-Joséphine-Anne-Alexandrine, née le 6 février 1781, qui épousa (18 juin 1805) M. Henry-Anne

Hochocq, inspecteur général des droits d'enregistrement et des domaines de l'empire à Saintes, pour
la section du Midi ; elle est décédée en 1863 à la Ro-
chelle ;

2° Louise-Victoire-Antoinette, née le 8 avril 1783, qui
épousa M. Denys Grousseau de Chapitre[1] et est décédée
à Saintes en 1867 laissant une fille, Anne-Louise-Irma,
veuve du marquis André-Eugène Le Veneur de Beauvais,
issu d'une famille bretonne[2] ;

3° Louis-Henri-Auguste-Ambroise, né le 11 juin 1785,
décédé le 11 mai 1854 au château de Bernessart, sans
laisser d'héritier mâle ;

4° Louis-Auguste, capitaine dans les grenadiers à
cheval de la garde du Roi, chevalier de l'ordre royal de
la Légion d'honneur, décédé en 1817, célibataire ;

5° Et enfin Louise-Emilie, enregistrée sous le nom de
Groseille.

Quelques mois avant l'arrestation de son mari, Mme Ancelin de la Garde avait perdu son père Charles-Nicolas
de Morant, décédé le 18 décembre 1793 à Bretteville,
âgé de soixante-dix-sept ans (acte du 29 frimaire an III).

Un an après, 12 mai 1795, elle perdait sa mère Anne
de Cairon, décédée également à Bretteville, à l'âge de
soixant-huit ans (acte du 4 prairial an III).

Le partage des biens dépendant de ces deux successions fut fait, les 25 mai-1er juin 1798, entre « Alexan-
drine-Victorine-Hélène de Morant, veuve et héritière de

---

[1] Denis, seigneur de Chapitre, émigré en 1790, était fils de
Henri Gousseau de Chapitre, seigneur de Chapitre, en la paroisse
des Touches de Perigny, capitaine au régiment de Bigorre-infan-
terie, chevalier de Saint-Louis, et de Louise de Chasseur. (La Morinerie, *Noblesse de Saintonge.*)

Cf. d'Hozier, I, p. 623, et La Morinerie. Armes : *d'argent à un
cor de chasse de sable, enguiché de même et accompagné de 3 roses de
gueules, 2 et 1.*

Loùis Ancelin de la Garde, et son frère, Jean-Baptiste de Morant, représenté par son curateur « Henry-Cathe-« rin-Augustin de Cairon[1] ». Le domaine de Brette-ville échut au chevalier de Morant et sa sœur eut un hôtel à Caen ainsi que des rentes.

Plus tard elle hérita de son frère et vendit le domaine de Bretteville à M. Le Cavelier Paysant[2] dont les héri-tiers en sont encore propriétaires.

Mme Ancelin de la Garde est décédée à Saintes le 24 fé-vrier 1823 : elle était âgée de soixante-neuf ans. L'acte de décès la qualifie de « veuve Louis Ancelin de la « Garde, *capitaine* de vaisseau ».

En elle s'éteignit le dernier rejeton du nom de Morant de la branche des Morant d'Eterville, barons de Cour-seulles.

Il nous reste à parler de la branche cadette des barons de Coulonces.

---

[1] Actes sous-seings privés de lotissement des biens et de tirage au sort entre les « Lotageants », 25 mai-1er juin 1798.

[2] Acte du 9 janvier 1808. M° Meriel, notaire à Caen.

IV

BRANCHE CADETTE DES MORANT, BARONS DE COULONCES

Nous avons vu que du second mariage de Thomas Morant, IIe du nom, chevalier, seigneur et baron du Mesnil-Garnier et d'Eterville avec Françoise de Vieuxpont étaient nés plusieurs enfants, parmi lesquels : Nicolas-Claude, auteur de la branche des barons de Courseulles, dont nous venons de retracer l'histoire, et *Charles-Roger*, qui fut la tige de la branche des barons de Coulonces[1].

§ 1er

Charles-Roger de Morant, dit le chevalier du Mesnil-Garnier, né à Paris, paroisse Saint-Gervais, le 22 octobre 1633, épousa en 1675, paroisse Saint-Sulpice, demoiselle Marguerite Jacob, veuve de messire Claude

---

[1] La branche de Coulonces avait adopté un écusson *écartelé aux 1 et 4 des armes des Morant avec brisure d'un lambel d'argent mis en chef, et aux 2.3 des armes des Vieuxpont.*

Roy, seigneur de Villiers (contrat du 12 septembre 1675, Garnier et Tardiveau, notaires au Châtelet de Paris).

Garde du corps de Sa Majesté ainsi que l'établit la recherche de la noblesse de l'intendant Chamillard en 1666, il fut nommé chevalier de Saint-Lazare par lettres-patentes du 16 septembre 1684, après « preuves faites « devant les commissaires à ce députés. »

Il eut trois enfants :

I. *Charles-Pierre* (voir plus loin);

II. *Françoise-Marie,* née le 18 février 1681, religieuse au Parc-aux-Dames à Crespy-en-Valois, nommée en novembre 1748 prieure à l'abbaye des Filles-Dieu de Rouen ;

III. *Anne-Marguerite,* née le 11 janvier 1683, qui épousa Jean-Philibert Olier, seigneur de Tonquin, conseiller au Grand Conseil, puis maître des requêtes ;

dont deux fils, l'aîné, capitaine de carabiniers, le cadet mort en Italie, cornette au régiment de Dauphiné, et une fille Marie-Louise qui épousa Nicolas-François de Gondrecourt, seigneur de Senoville, conseiller d'État.

§ 2

Charles-Pierre de Morant, chevalier, seigneur et baron de Coulonces, d'Asnebec et d'Etouvy, fils du précédent, naquit le 17 avril 1679.

Garde de marine en 1693, enseigne de vaisseau en 1707, chevalier de Saint-Louis en 1728, il se retira du service avec le brevet de « lieutenant de vaisseaux. » Il est mort à Vire en 1742.

Nous avons vu (p. 68), qu'en 1711, Joseph de Belle-mare, chevalier de Valhébert, avait échangé contre la baronnie de Courseulles, alors aux mains des héritiers de Anne de Morant, veuve du marquis de Leuville, la baronnie de Coulonces, près Vire.

Par suite d'arrangements de famille, cette baronnie devint l'apanage de la branche cadette des de Morant : celle-ci était alors représentée par Charles-Pierre de Morant.

Coulonces avait été érigée en baronnie en faveur de Jean de Villiers par lettres-patentes (1336) de Jean de France, duc de Normandie, confirmées en 1337 par Philippe de Valois. C'est la plus ancienne baronnie de Normandie. Dans l'armée qui combattit sous les ordres de l'héroïque Jeanne d'Arc figurait un seigneur de La Haye, baron de Coulonces.

Cette baronnie était très importante et la famille de Morant n'en possédait qu'une partie, comprenant notamment le château et la chapelle. Ce château, où se trouvent de très vieilles caves, avait été bâti en granit vers le xv⁰ siècle.

C'était, dit-on, au possesseur de la chapelle qu'était dévolu le titre de baron de Coulonces. On y admirait une vierge du xiii⁰ siècle, aujourd'hui au lycée de Vire.

Le vieux château de la cour de Coulonces a été remplacé, dit Joanne, par un joli château renaissance ; il est précédé d'une chapelle Louis XIII ; près de la chapelle on remarque une porte d'entrée renaissance.

Du mariage de Charles-Pierre de Morant avec demoiselle Thérèse Benoit, 11 avril 1707, sont issus cinq enfants :

1° *Pierre-Benoist* (voir plus loin);

2° *François-Achille-Agaton*,

3° *Thomas-Léonor*,

4° *Marguerite*, décédés en bas âge;

5° *Antoine-René*, chevalier, seigneur et patron d'Asnebec et d'Etouvy, né à Coulonces en 1717; garde du corps, compagnie d'Harcourt, puis capitaine au régiment

7

de la Reine ; il épousa, le 25 avril 1746, Marie-Anne-
Claudine du Bosc, dont *Pierre-Charles-Antoine*, né le 10 octobre 1747, et Marie-Charlotte de Morant d'Etouvy.

§ 3

Pierre-Benoist de Morant, chevalier, seigneur et baron
de Coulonces, né à Toulon le 22 mars 1710, épousa le
22 septembre 1736, Eléonore-Charlotte de Nollent, fille
de Robert-François de Nollent, chevalier, seigneur de
Fleurigny, et de Marguerite-Jacquine du Mesnil-Adelée,
dame de Bois-Yvon,

    d'où :

  1° Jean-René-Antoine-Pierre ;

  2° Charles-François ;

  3° Thomas-Alexandre, décédé célibataire ;

  4° Marguerite-Charlotte, décédée célibataire ;

  5° Léonore-Jacqueline, décédée célibataire.

§ 4

Jean-René-Antoine-Pierre de Morant, chevalier, seigneur
et baron de Coulonces, seigneur et patron en partie de
Boisyvon, fils aîné de Pierre-Benoist, né le 16 août 1744,
cornette au régiment de dragons de la Reine, épousa, le
18 septembre 1762, sa cousine Marie-Charlotte-Françoise-Adélaïde de Morant, fille unique d'Alexandre-Jean
de Morant, seigneur et patron d'Eterville, chef de la
branche des barons de Courseulles. Par ce mariage la
branche cadette devait hériter des titres et prérogatives
afférents à la branche de Courseulles, de même que plus

tard, à la suite de la mort du marquis de Morant, chef
de la branche aînée (1832), elle devait, ainsi que nous
l'avons déjà dit, hériter du titre de marquis.

De ce mariage naquirent : un fils, décédé célibataire,
et trois filles dont la première épousa M. de Colombier,
la seconde le comte de Roncherolles [1], et la troisième,
Victoire ou Victorine, son cousin germain Charles-Louis
de Morant (voir plus loin).

La comtesse de Roncherolles est décédée le 12 décembre 1811, laissant un fils Louis-Charles-Adolphe,
marquis de Roncherolles, mort à Caen en 1883.

Nous avons la lettre dans laquelle la baronne de Coulonces annonçait à sa cousine Mme de la Garde, la mort
de sa fille, la marquise de Roncherolles. L'adresse de
cette lettre est curieusement libellée : « à Mme de la

---

[1] Nous avons déjà eu l'occasion de mentionner le nom de la
famille de Roncherolles.

Pierre de Roncherolles, IIIe du nom, seigneur de Herqueville,
baron du Pont-Saint-Pierre, conseiller et chambellan des rois
Louis XI et Charles VIII, avait épousé en 1452 Marguerite de Cha-
tillon, d'où Françoise, dame de Hacqueville, mariée en 1479 à
Jean, chevalier, seigneur de Vieuxpont, baron de Neufbourg,
(voir plus haut) et Louis, IIe du nom, héritier de la seigneurie de
Chastillon-sur-Marne.

Louis, IIe, eut pour fils Pierre, IVe du nom, sénéchal du comté
de Ponthieu, premier baron de Normandie, auquel le roi Henri III
confirma (lettres de mars 1577) le titre et les droits de conseiller
d'honneur né au Parlement de Normandie pour lui et les aînés
de sa maison à perpétuité.

Son arrière-petit-fils, Claude de Roncherolles, marquis du Pont-
Saint-Pierre, mestre du camp d'un régiment de cavalerie, eut de
son mariage avec Catherine Le Veneur de Tilliers, Michel de Roncherolles, marquis du Pont-Saint-Pierre, premier baron de Normandie, marié en 1702 à Marie-Dorothée Le Gris, marquise de
Montreuil, comtesse de Cigès, d'où Claude-Thomas Gaspard, lieutenant général des armées du Roy, enseigne des gardes du corps,
qui épousa en 1752 Marie-Louise Amelot, fille de Jean-Jacques
Amelot, ministre des affaires étrangères, commandant des ordres
du Roi. (*Mercure*, août 1752)

« Garde en son hotel à Saintes, en *St Onge (sic).* »

La ligne aînée de la branche des barons de Coulonces s'était donc, elle aussi, éteinte sans laisser d'héritier mâle.

§ 5

Charles-François de Morant, chevalier, second fils de Pierre-Benoist, baron de Coulonces, né à Coulonces le 6 janvier 1746, fut capitaine au régiment des dragons de la Reine, et épousa Anne Lioult de Saint-Martindon, tante du poète Chênedollé.

Jean-Antoine Lioult de Sourdeval, seigneur et patron de Saint-Martindon, fils de Guillaume Lioult de la Durandière, décédé en 1746, avait épousé demoiselle Louise Le Franc de Bois Le Franc, fille de Michel Le Franc, conseiller au baillage de Caen. Il eut deux enfants :

1° Charles, conseiller du Roy et son correcteur en la cour des comptes, époux en 1766 de Suzanne-Marie-Julienne des Landes, qui lui donna en dot le fief de Chênedollé, d'où Charles-Julien Lioult de Chênedollé, l'auteur du « Génie de l'homme [1] ; »

2° Anne, qui épousa messire Charles-François de Morant.

De ce mariage sont issus :

A. *Charles-Louis de Morant,* baron de Coulonces, qui se maria, comme nous l'avons dit, avec sa cousine germaine Victoire de Morant.

---

[1] Mort le 2 décembre 1833. (Cf. Étude de Sainte-Beuve dans la *Revue des Deux-Mondes,* 1er juin 1849.)

Marquis de Morant depuis le décès, survenu en 1832, de Thomas-Marie-Louis-Geneviève, chef de la branche aînée, il est décédé en 1843 sans laisser de postérité ; sa veuve, la baronne de Coulonces, est décédée en 1877 à l'âge de quatre-vingt-quinze ans en son château de Coulonces.

B. *Charles-Julien de Morant*, qui épousa Marie-Jeanne Porée de Valhébert et en eut plusieurs enfants dont :

Charles-Louis de Morant, né en 1803, marquis de Morant au décès de son oncle Charles-Louis (1843), mort lui-même le 30 mars 1883 à Caen, sans alliance,

et *Marie-Louis de Morant*, époux en 1861 de demoiselle Albertine-Cécile-Antoinette Pasquet de Salaignac, et décédé le 24 septembre 1878 à Caen, laissant deux enfants :

Julien-Thomas-Charles-Louis, marquis de Morant, né en 1864, chef actuel de la famille, marié le 1er mai 1889, à Mlle Pauline de Chabannes, fille du comte de Chabannes,

et *Camille-Eugène*, comte de Morant, né en 1866.

Nous voilà arrivés au terme de notre travail. Que le lecteur bienveillant nous pardonne l'aridité de certaines nomenclatures, inévitables dans les études généalogiques du genre de celle-ci.

Nous nous estimerons heureux si nous avons pu cependant l'intéresser en faisant dérouler sous ses yeux les diverses phases de l'histoire de la famille de Morant.

A travers plusieurs siècles, nous avons pu suivre cette famille, toujours à l'honneur, toujours fidèle à sa patrie, servant le Roi, servant la France, sans que jamais une flétrissure quelconque ait terni son blason.

Si les troubles de la Révolution ont enlevé à la maison de Morant terres et châteaux, fiefs et prérogatives, ils n'ont pu lui ôter l'illustration de ses aïeux, ni l'éclat de ses alliances, qui l'ont faite une des plus renommées de la province de Normandie.

L'histoire dira que ses membres ont su toujours conserver intactes les traditions d'honneur que leurs ancêtres leur avaient léguées et rester fidèles, à leur devise :

A CANDORE DECVS.

TABLE DES MATIÈRES

Angers, imprimerie Lachèse et Dolbeau, Chaussée Saint-Pierre, 4.

ANGERS, IMPRIMERIE LACHÈSE ET DOLBEAU.

www.ingramcontent.com/pod-product-compliance
Lightning Source LLC
Chambersburg PA
CBHW052118090426
42741CB00009B/1866